AF316787

100 HECHOS INCREÍBLES PARA NIÑOS

Una colección de datos curiosos y fascinantes que no puedes dejar de conocer

Brice Brant

Special Art

100 hechos increíbles para niños

Una colección de datos curiosos y fascinantes
que no puedes dejar de conocer

Brice Brant

Hardcover ISBN: 9791255530374
support@specialartbooks.com
www.specialartbooks.com

Contenido

"Cuanto más leas, más cosas sabrás. Cuanto más aprendas, más lugares recorrerás"

- Dr. Seuss

Quizá te resulte familiar la expresión *"el conocimiento es poder"*. Pero, ¿sabías que el conocimiento también puede ser divertido? ¡Así es! El mundo está lleno de cosas sorprendentes por descubrir. ¿Alguna vez has mirado al cielo y te has preguntado por qué es azul? ¿O de qué están hechas las nubes? ¿Sabías que las serpientes duermen con los ojos abiertos? ¿Y que la lengua de un camaleón es tan larga como su cuerpo? Este libro está lleno de trivialidades divertidas como estas. Una vez que hayas terminado de leer, serás un experto en hechos extraños, peculiares y sorprendentes. ¿Quieres sorprender a tu familia y amigos? Después de leer este libro, podrás contar a todo el mundo muchas cosas fascinantes sobre los animales, la ciencia, la historia e incluso el cuerpo humano. Nunca se deja de aprender.

Empezaremos hablando de los animales. ¿Sabías, por ejemplo, que el oso polar no es blanco, sino incoloro? ¿Y que, los ojos del avestruz son más grandes que su cerebro? Algunos de los datos que descubrirás son asquerosos, otros te sorprenderán y algunos incluso te serán útiles en la escuela. Podrás contar a tu clase lo que has aprendido o incluso decirle al profesor algo que quizá no sepa. Luego, hablaremos de ciencia y tecnología, de los planetas, del espacio y de cómo funciona el mundo. A medida que vayas adquiriendo estos nuevos conocimientos, sorprenderás a tus amigos. También aprenderás sobre la historia y las cosas que han sucedido en el pasado. Recuerda, ¡no te guardes todos estos conocimientos para ti! Asegúrate de compartirlo para que tus familiares, profesores y amigos puedan conocer muchas curiosidades como tú.

¿Estás listo para leer algo que hará que el aprendizaje sea agradable y divertido? Eso espero. ¡Con toda esta interesante información, tu cerebro se expandirá muy rápidamente! ¡Prepárate para aprender!

El reino animal

1. Los gorilas eructan cuando están contentos.

¿**S**abías que los gorilas eructan? En algunos países, eructar puede considerarse de mala educación, pero no así para nuestros amigos de la selva. Para los gorilas, eructar es un signo de felicidad. Cuando un gorila está contento, hace un ligero ruido con el estómago y el pecho. Esto puede ocurrir después de una comida, al final de un largo día, o incluso, cuando se relaja con su familia. Lo hace porque está *contento, es decir*, satisfecho y a gusto. Así que, si alguna vez vas al zoológico y oyes a un amigo peludo eructar, ¡sabrás que es un gorila feliz!

2. Las estrellas de mar no tienen cerebro ni sangre, ni son peces.

Para ser un pez, hay que tener branquias, escamas o aletas. Estos estándares son bastante altos, ¿verdad? Después de todo, algunas especies que viven en el agua no tienen ninguna de estas características, ¡como nuestras estrellas de mar! ¿Sabía que las estrellas de mar no se consideran parte de la especie de los peces? Aunque nadan como los peces y viven en el agua como ellos, su anatomía, es decir, su conformación y estructura, es muy diferente. La estrella de mar no tiene sangre ni cerebro, sino que utiliza el agua del mar para bombear los nutrientes a través de su cuerpo. Pero no pienses que son estúpidos solo porque no tienen cerebro. La estrella de mar es una criatura extraordinaria y única que ha fascinado a los científicos durante años.

3. A los ciervos les crece una nueva cornamenta cada año.

Puedes pensar que es mentira, pero la cornamenta de un ciervo puede ser bastante frágil. ¡A pesar de que parecen tan fuertes! Sin embargo, en primavera, los ciervos empiezan a perder la *cornamenta*, al igual que muchos otros animales pierden otras partes del cuerpo: las serpientes mudan la piel, mientras que los perros o los gatos pierden el pelo en determinadas épocas del año. El proceso de muda dura unas dos semanas, después la cornamenta vuelve a crecer muy rápidamente. La cornamenta de los ciervos es, de hecho, el hueso conocido que más rápido crece. La próxima vez que estés en un bosque, busca cuernos que hayan caído al suelo. Tal vez encuentres un bonito recuerdo.

4. Un oso pardo puede morder tan fuerte que puede llegar a romper una bola de bolos.

No, un oso no suele comer bolas de bolos. Ni siquiera parecen tan apetecibles, ¿verdad? No es que las haya probado. Nadie come bolas de bolos para desayunar. Sin embargo, digamos que, si un oso pardo *quisiera* comerse una bola de bolos, sin duda podría hacerlo. Se necesitarían unos 360 kilos de fuerza para aplastar una bola de bolos, ¡y un oso pardo podría hacerlo de una sola vez! ¡Aléjate de esos dientes! Probablemente ni siquiera se los cepillan....

5. Los gatos solo maúllan a los humanos.

Un gatito puede maullar para atraer la atención de su madre, pero abandona ese hábito una vez que llega a la edad adulta. Los gatos adultos no se comunican con otros gatos maullando. Más bien se expresan a través de los movimientos del cuerpo y el olor, no del sonido. Sin embargo, cuando se comunican con los humanos, se comportan de manera muy diferente. Cuando un gato maúlla, es como si hablara

un segundo idioma hecho solo para ti. Los científicos también han teorizado que los gatos maúllan de determinadas maneras para manipular a sus dueños. Por ejemplo, si tu gato tiene hambre, maúlla de forma triste para llamar tu atención. O si quiere un abrazo, lo hace de forma dulce para que le rasquen. ¡Los gatos definitivamente saben cómo salirse con la suya! La próxima vez que un gato maúlle, intenta entender lo que dice. Podrías mantener una buena conversación.

6. Los perros no solo ven en blanco y negro.

¿Has oído alguna vez que los perros solo pueden ver en blanco y negro? Mucha gente lo cree, pero los científicos han demostrado que esta teoría es errónea. Lo cierto es que los perros no pueden percibir los colores rojo o verde, pero sí ven el amarillo, el blanco, el azul y el marrón.

Así, si llevas una camisa roja, a tu perro le parecerá marrón: ¡por eso nunca debes pedirle consejo a un perro sobre cómo vestirte! Nuestros amigos de cuatro patas solo ven esos colores específicos porque la anatomía de sus globos oculares es diferente a la

nuestra. Se llama "visión dicromática". Su visión suele ser un poco borrosa y los colores no son tan vivos como los vemos nosotros. Por ejemplo, un loro rojo solo le parecerá de color verde pardo a tu perro.

Esto les da una perspectiva única del mundo.

7. Los pollos son los parientes más cercanos al T-Rex.

Las películas nos han dado una idea equivocada sobre los T-Rex. De hecho, Se cree que no se parecían en nada a los animales verdes con aspecto de lagarto que vemos en la televisión. De hecho, ¡se parecían mucho más a los pollos! Los científicos lo saben porque una vez encontraron un fósil de T-Rex con sus tejidos blandos todavía intactos. Hicieron una prueba de ADN en ese tejido y descubrieron que el pariente vivo más cercano del T-Rex es... el pollo. Se cree que el T-Rex tenía las mismas patas, el mismo cuello e incluso plumas similares. ¿Te imaginas a un pollo gigante caminando por ahí, aterrorizando a la

población? Ese era el T-Rex. Hmm, ahora será difícil ver *Jurassic Park de* la misma manera....

8. Algunas aves reconocen los rostros humanos.

¿Quieres hacerte amigo de un pájaro? Los científicos han demostrado que es posible porque las aves son capaces de reconocer rasgos específicos en los humanos, como la forma de su cara o su físico. Un estudio demuestra que las palomas son capaces de distinguir entre una cosa desconocida y otra conocida, favoreciendo la familiar. También se ha demostrado que las urracas, los cuervos y los pájaros tienen esta capacidad. Los pájaros son súper inteligentes. Algunos son incluso capaces de hacer regalos a un ser humano, lo que hace evidente que lo consideran un amigo. Por lo tanto, hay ventajas obvias en hacerse amigo de un cuervo o de una corneja. ¿Por qué no probarlo?

9. Las serpientes duermen con los ojos abiertos.

¿Podrías dormir con los ojos abiertos? Parece imposible, ¿verdad? Y, sin embargo, las serpientes lo hacen. No cierran los ojos como nosotros porque no pueden hacerlo. Las serpientes no tienen párpados, sino una fina capa de escamas que protege sus ojos. Su vista también es pobre. Imagina que ves la televisión en una pantalla borrosa y estática: así es exactamente como ven las serpientes. Tal vez deberían llevar gafas....

10. Algunos insectos pueden tirarse pedos.

Los campeones en este aspecto entre los insectos son las termitas, a pesar de que tienen un cuerpo muy pequeño. Al igual que en el caso de los humanos, los gases, producidos por las bacterias de sus intestinos, pasan al intestino de los insectos y son expulsados en forma de pedos. Por desgracia, es casi imposible oler un pedo de insecto dado su tamaño. Pero quizás sea lo mejor. Los insectos producen un gas llamado metano, al igual que las vacas y otros

animales de pastoreo. El metano se utiliza como combustible y es una parte natural de la atmósfera terrestre.

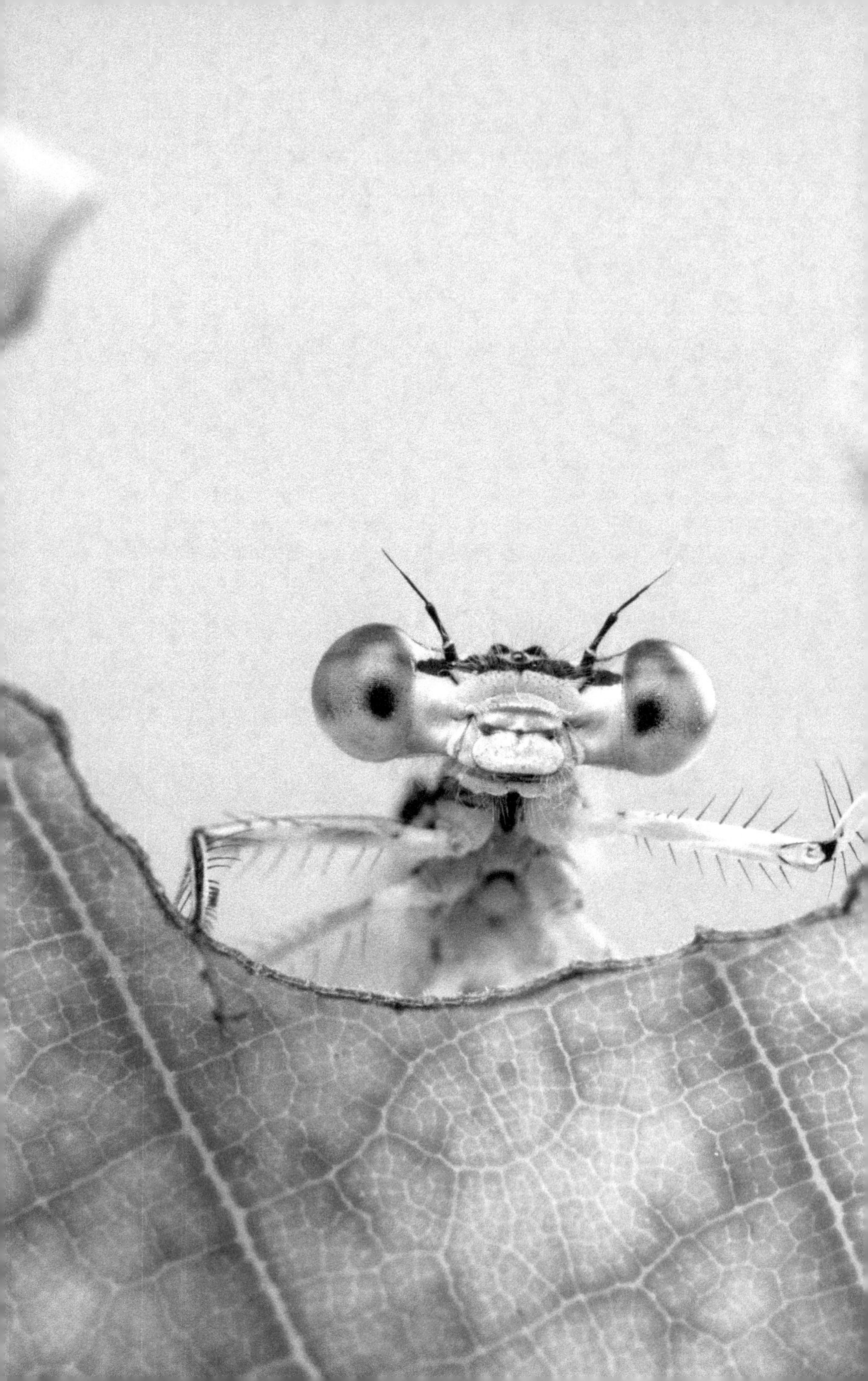

La naturaleza y nuestro planeta

1. Los rayos son cinco veces más calientes que el sol.

¿Sabías que hay algo más caliente que el sol? El calor de un rayo alcanza unos 30.000° C, que es mucho más caliente si se compara con los 5.000 °C del sol. Los rayos pueden incluso provocar incendios cuando caen. Son tan calientes porque el aire es un mal conductor del calor, por lo que se calienta mucho cuando la electricidad lo atraviesa y propaga este calor en forma de rayos. Por lo tanto, quédate en casa cuando haya una tormenta, ¡o podrías recibir una gran descarga eléctrica!

2. El arcoíris también puede formarse por la noche.

El arcoíris se debe simplemente a la luz solar que se refleja en las partículas de agua del aire. Por eso suelen aparecer después de la lluvia, porque la luz del

sol ilumina la humedad residual del aire. Entonces, ¿cómo puede formarse un arcoíris por la noche cuando no hay sol? Increíblemente, ¡este hecho es posible! Por cierto, existe un fenómeno llamado arcoíris lunar. En lugar de deberse a la refracción y reflexión de la luz solar por la humedad de la atmósfera, se debe a la reflejada por la superficie lunar. El arcoíris lunar es mucho más ligero y débil que los diurnos, pero ¡mantén los ojos abiertos la próxima vez que llueva de noche! Puede que veas algo increíble.

3. Puedes utilizar una piña para predecir el tiempo.

¿Sabías que las piñas son los pronósticos meteorológicos de la naturaleza? Su especial estructura exterior, que protege las semillas, varía en función de las condiciones climáticas. Cuando el aire se seca, la estructura especial de la piña se abre para dejar salir las semillas. Y cuando el aire es húmedo, se cierra para retener las semillas. Así que, si ves una piña abierta, ¡sabes que ese día no lloverá! Pero si la ves bien cerrada, espera un buen chaparrón.

4. Las nubes parecen blancas porque reflejan el sol.

¿Sabías que la luz del sol es blanca? Al atravesar las gotas de agua de la nube, la luz blanca se dispersa por sus reflejos en el cielo, haciendo que las nubes parezcan blancas cuando en realidad son transparentes.

5. Las sandías son bayas.

A todos nos gusta la fruta dulce y jugosa. Las sandías son un maravilloso tentempié de verano. ¿Pero sabías que esta fruta es en realidad una variante de una baya? Las bayas se definen como un tipo de fruta que procede de flores con un solo ovario, que es la parte reproductora de la flor. Algunos frutos, como las fresas y las moras, proceden de flores con múltiples ovarios. Así que, técnicamente, la mora no es una baya, mientras que la sandía sí lo es. Estos términos a veces pueden confundirnos.

6. Algunas plantas son carnívoras.

Ser carnívoro significa comer carne. Por lo general, las plantas no comen realmente nada. Más bien, utilizan la luz del sol para convertir el agua y el aire en azúcar que las sustenta en su crecimiento. Pero a algunas plantas les gusta picar, como la *planta cobra* o la famosa *Venus atrapamoscas*. Se conocen unas 630 especies de plantas carnívoras. Algunos de los más grandes pueden digerir reptiles y pequeños mamíferos, mientras que otros comen peces e insectos. Estas plantas utilizan muchas formas diferentes para atraer a sus presas, como olores dulces o colores brillantes. Así que la próxima vez que cojas una flor, asegúrate primero de que no quiere comerte.

7. Las piñas tardan dos años en crecer.

En realidad, las piñas se producen a partir de unas 200 flores, por lo que cada pequeño trozo de piña fue una vez una flor. Y solo este proceso puede durar al menos seis meses. La propia planta de la piña produce un solo fruto que tarda de dos a tres años en crecer, ¡y luego muere! Esto significa que hay que

tener mucha paciencia para conseguir incluso una piña. ¿Crees que puedes esperar tanto tiempo por una fruta?

8. La única fruta con semillas en el exterior es la fresa.

Esos puntitos que se ven en la superficie de una fresa son, de hecho, sus semillas. Se cree que las fresas evolucionaron con las semillas en el exterior para que los pájaros y otros animales pudieran propagarlas más fácilmente. Y, como hemos aprendido antes, las fresas no son realmente bayas, y esto se debe a la forma en que crecen. De nuevo, es un poco complicado, ¡pero al menos saben delicioso!

9. El plástico tarda una media de 450 años en descomponerse. El vidrio, unos 4.000.

Los plásticos están hechos de un material llamado tereftalato de polietileno (¡intenta decirlo tres veces seguidas!) que hace que la mayoría de los

envases y botellas sean casi indestructibles. Aunque esto es bueno cuando se nos cae algo en la cocina, no es nada bueno para el medio ambiente. Debido a la naturaleza del plástico, todas las cosas que tiramos tardarán unos 450 años en descomponerse en el suelo. Las bacterias del suelo suelen convertir lo que encuentran en nutrientes útiles para la tierra; por desgracia, a las bacterias no les gusta el sabor del plástico, ¡así que se negarán a comerlo! Lo mismo ocurre con el vidrio, que tarda unos 4.000 años en descomponerse. El reciclaje es muy importante para no llenar la Tierra de residuos.

10. El 97% del agua del planeta es salada e inutilizable. El 2% está congelada. Esto nos deja con solo un 1% de agua utilizable.

Uno podría pensar que el agua es un recurso ilimitado; sin embargo, solo el 1% del agua de la Tierra es potable. Esto se debe a que la mayor parte de ella es agua salada, y si se bebe realmente provocará deshidratación. Un momento: ¿agua que provoca deshidratación? ¡Sí! Nuestros riñones solo

pueden procesar agua poco salada y si bebes agua como la del océano o la del mar, estás ingiriendo una gran cantidad de sal que debe ser expulsada de tu cuerpo. Para ello, tendrás que orinar más agua de la que has bebido, lo que hará que tengas aún más sed, provocando la deshidratación. Las fuentes de agua dulce incluyen las aguas subterráneas, que son las que se forman en el interior de la tierra; la escorrentía de las aguas superficiales, que proceden de arroyos, ríos y lagos; y, por último, la nieve. Es interesante pensar de dónde viene el agua. Pero cuidado: el hecho de que solo haya un 1% de agua disponible en el mundo no significa que haya que dejar de beber. Mantente hidratado.

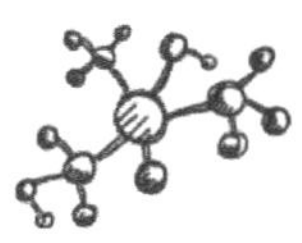

Ciencia y tecnología

1. El agua se congela más rápido cuando está caliente.

Este hecho parece bastante extraño, ¿no? ¿Cómo puede el agua caliente congelarse más rápido que el agua fría? Algunos dicen que es un mito, pero se trata de algo llamado "efecto Mpemba". Hay varias variables que determinan cuándo ocurre esto y esto ha provocado un debate entre los científicos. Sin embargo, este fenómeno se ha detectado en varios casos en la naturaleza. Pruébalo tú mismo y ve lo que ocurre.

2. Los tomates tienen más genes que los humanos.

Un gen es el portador de la información que determina tus rasgos, como los ojos azules o el pelo castaño heredados de tus padres.

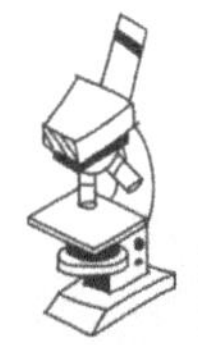
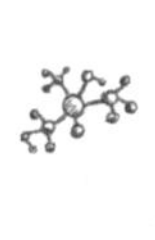

Sorprendentemente, un tomate tiene miles de genes más que los humanos, 7.000 para ser exactos. De hecho, el genoma del tomate, el conjunto completo de genes o material genético de sus cromosomas, es más parecido al de una patata. Los tomates parecen una fruta bastante complicada.... ¿O son verduras? ¿Qué te parece?

3. Puedes encender un fuego tirándote un pedo.

Los pedos no son más que el aire que baja por el esófago y llega a nuestro sistema digestivo y acaba siendo expulsado por el ano. Es aire mezclado con gases, algunos de los cuales son inflamables. Estos gases inflamables -hidrógeno, oxígeno y metano- al combinarse con el oxígeno, si se colocan cerca de una llama, pueden inflamarse fácilmente incluso a bajas temperaturas. Sin embargo, se necesitarían muchos de ellos para crear un lanzallamas, así que no te hagas ilusiones.

4. El oxígeno no es incoloro.

En realidad, el oxígeno puede tener muchas tonalidades diferentes. En circunstancias normales, lo verás incoloro, pero cuando adopta una forma diferente, también cambia de color. El oxígeno líquido tiene un tono azul pálido porque absorbe la luz del espectro rojo que da a la sustancia su color complementario al rojo: el azul.

5. Los televisores reciben y luego muestran secuencias de imágenes que se mueven tan rápido que parecen un movimiento fluido para el ojo humano.

La televisión es un invento maravilloso. ¿Te gusta ver tu programa de televisión favorito después de un largo día de clase? Si es así, ¿te has preguntado alguna vez cómo funciona tu televisión? Un televisor no es más que una caja que recibe las imágenes a tal velocidad que parece que se mueven suavemente. Dibuja algo en diferentes páginas de un bloc, y luego pásalas rápidamente: el diseño empezará a moverse.

Esto es prácticamente lo que ocurre cuando ves tu programa de televisión favorito.

6. En 1495, Leonardo da Vinci esbozó los planos de un robot humanoide.

En el siglo XV, Leonardo da Vinci creó un robot de aspecto humano con una armadura. En el interior del blindaje había elaborados sistemas de poleas formados por cables, ruedas y engranajes. Podía sentarse, tumbarse, levantarse y mover la cara. Todos los movimientos se realizaban al ritmo de un tambor. Aunque hoy en día podemos ver robots humanoides mucho más avanzados, en aquella época, un amasijo de metal en movimiento era algo que maravillaba a cualquiera que lo viera.

7. El mayor robot del mundo pesa 11 toneladas.

Se llama Tradinno y es un gigantesco dragón robot andante que se utilizó para una

representación teatral en Alemania. Pesa 11 toneladas y tiene unos 15 metros de altura. Tradinno puede lanzar llamas hasta una distancia de 1,5 metros, así que no te acerques demasiado. Es como un dragón de verdad por lo grande que es; ¡tiene alas y piel verde y todo!

8. Los diamantes son la sustancia más dura de la naturaleza.

Lo más duro del mundo no es el metal, el hierro o la madera. De hecho, es algo mucho menos común y mucho más brillante: ¡el diamante! Algunos afirman que los diamantes son el mejor amigo de una mujer, pero también pueden utilizarse en herramientas de construcción e investigación científica. Este mineral espumoso tiene muchos usos, ya que es casi indestructible. ¿Por qué no vas a buscar diamantes la próxima vez que salgas? Podrías ganar un millón de euros.

9. El ácido gástrico puede disolver las hojas de afeitar.

Hay un ácido en el estómago lo suficientemente fuerte como para disolver el metal. Estos ácidos tienen niveles de pH tan altos que disuelven incluso los huesos y son similares al ácido de las baterías, que puede disolver el propio acero. Sin embargo, no vayas por ahí comiendo cuchillas de afeitar u otros objetos metálicos porque pueden hacer mucho daño.

10. El sonido viaja más rápido en el agua.

El sonido viaja más rápido en el agua porque las moléculas están más densamente empaquetadas dentro del agua. El sonido rebota en las moléculas y viaja a mayor velocidad. Sin embargo, se necesita más energía para crear el sonido dentro del agua en primer lugar.

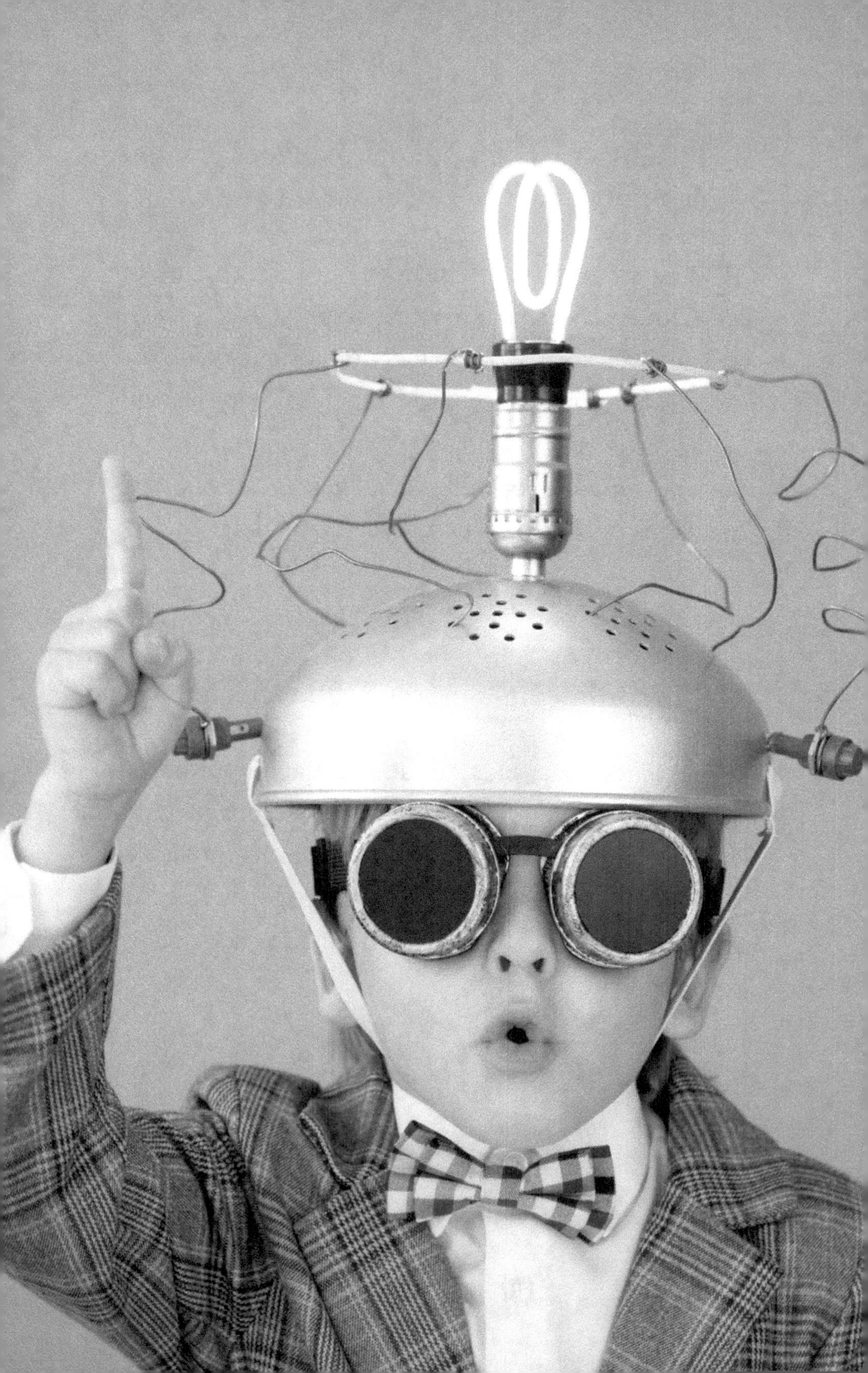

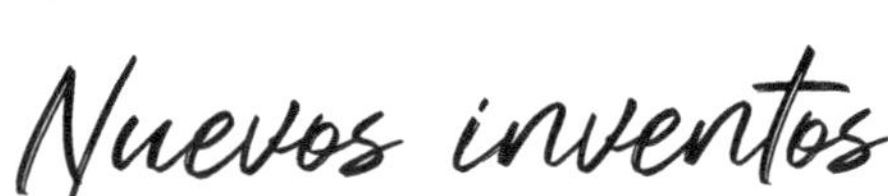

1. En 2022, se creó un robot humanoide.

¿Alguna vez has querido hacerte amigo de un robot? Ahora puedes hacerlo. La tecnología está tan avanzada que se puede hablar con un robot humanoide, o parecido a los humanos. Una empresa llamada Engineered Arts ha creado un robot llamado Ameca. Es de color gris y los cables de su cuerpo son visibles. Ameca tiene sus propias opiniones, la capacidad de hablar y mantener una conversación, y puede moverse como un humano. Es el producto de quince años de duro trabajo de Engineered Arts, por lo que es un poco caro. Puedes comprar Ameca por unos 133.000 dólares, pero si no tienes tanto dinero, ¡siempre puedes alquilarlo para una fiesta o un evento! Fue creada para comunicarse con los humanos, así que conversar con Ameca siempre es interesante. Tal vez, en el futuro, tengamos perros robot, profesores robot e incluso niñeras robot. ¿Quién sabe? Algún

día puede que ni siquiera veamos la diferencia entre un robot y un humano.

2. Nintendo no era una empresa de videojuegos en sus inicios.

¿Te gustan los videojuegos? Si es así, probablemente estés familiarizado con las consolas de Nintendo. Pero, ¿sabías que la compañía Nintendo existe desde hace mucho tiempo? Sí, desde 1889. Pero, por supuesto, en 1889 no había videojuegos, así que el propietario de la empresa, Fusajiro Yamauchi, fabricaba juegos de cartas y juguetes pintados a mano. Imagínate lo sorprendido que estaría el creador de Nintendo si viera los videojuegos que su empresa está haciendo ahora.

3. El gobierno estadounidense utilizó la PlayStation 3 para construir un superordenador.

En 2010, las Fuerzas Aéreas de Estados Unidos utilizaron 1.760 ps3 para crear un gran superordenador llamado Condor Cluster. Este ordenador utiliza 1/10 de la energía de un superordenador normal, por lo que es mucho mejor para el medio ambiente y mucho más barato de construir. Pero es enorme y está conectada por ocho kilómetros de cables. El ordenador de tu casa se vería muy pequeño comparado con el Cluster Condor. Fue creado para procesar imágenes de drones de vigilancia y en su día fue el 35º superordenador más rápido del mundo. Podrías intentarlo en casa, pero tendrías que comprar un montón de PlayStations para hacerlo, lo que significa que tendrías que reservar tu dinero de bolsillo durante años.

4. La primera palabra que se corrigió automáticamente fue "teh".

¿Adivinas qué significa "teh"? Muchos angloparlantes escriben accidentalmente esa palabra en lugar de ‹the›, que en español significaría "él/la". Un programador informático de Microsoft creó en los años 90 un programa diseñado para sustituir la palabra específica "teh" por "the". En aquellos viejos ordenadores, al pulsar simultáneamente la flecha izquierda y F3 en el teclado se corregía "teh", pero solo esa palabra y ningún otro error ortográfico. Aparentemente, fue tan común escribir "teh" en lugar de "the" que alguien tuvo que crear un programa solo para resolver ese problema. A todo el mundo le pasa que comete faltas de ortografía.

5. Cada mes aparecen más de 6.000 virus informáticos.

Hay muchos de ellos. Los virus informáticos son muy similares a los virus humanos, como cuando se coge una gripe. ¿Sabías que tu ordenador también puede enfermar? Podrías coger una de esas

cosas desagradables llamadas virus en Internet, un software que puede tomar el control de tu dispositivo y hacer que actúe de forma extraña. A veces, afectan a servidores web enteros como el de Google. En 2004, el que fue considerado el peor virus de la historia, atacó los ordenadores de un grupo de personas a través de sus correos electrónicos y provocó la *caída de* Google, dejándolo inutilizable. Lo que da miedo es que ese virus siga circulando hoy en día. Así que ten cuidado con lo que haces en Internet. No querrás que tu ordenador coja la gripe.

6. El primer virus informático de la historia se creó en los años 70.

Se llamaba Creeper y en realidad fue realizado como un experimento por algunos expertos en informática que querían probar sus capacidades. Creeper es lo que se llama un "gusano", lo que significa que se clona a sí mismo y se propaga fácilmente de un ordenador a otro.

En los años setenta, cuando se creó por primera vez, aparecía en la pantalla de la víctima y decía: "¡Soy

la enredadera, atrápame si puedes!". ¡Realmente espeluznante!

7. Hasta 2010, las palomas mensajeras eran más rápidas que Internet en algunas partes del mundo.

En Sudáfrica, una paloma mensajera llamada Winston volaba con una pequeña tarjeta de memoria USB. Participaba en una carrera de unos 95 kilómetros. ¿Y quién era el oponente de Winston? El internet. ¿Adivinas quién ha ganado? Winston, por supuesto, ya que consiguió llevar la tarjeta de memoria USB a su destino mucho más rápido de lo que el proveedor de servicios de Internet pudo cargar la información en la memoria. El pájaro era más rápido que el Internet. El concurso se organizó para demostrar a un proveedor de Internet la lentitud de su servicio. La victoria de la paloma demostró el punto sin apelación. ¡Esperemos que haya servido para mejorar la conexión!

8. La mayor parte del tráfico de Internet no procede de seres humanos reales.

El internet es un lugar enorme. Puedes visitar muchos sitios web divertidos y diferentes o utilizarlo para comunicarte con tus amigos o familiares. ¿Pero sabías que más de la mitad de los usuarios de Internet no son personas? El 20% del tráfico de Internet procede de motores de búsqueda como Google o Bing, mientras que otro 31% proviene de bots, spam, espías o software de piratería. Ten siempre cuidado cuando hables con alguien por Internet: ¡podría ser un robot!

9. Los cirujanos que han crecido jugando a los videojuegos cometen menos errores y son más rápidos durante las operaciones.

Si quieres ser médico, ¡tengo buenas noticias para ti! Los médicos que juegan o han jugado a videojuegos y realizan cirugías laparoscópicas -un tipo de cirugía en la que se utilizan cámaras diminutas

e instrumentos controlados por un joystick- cometen menos errores y son más rápidos durante la operación. Esto se debe a que quienes juegan regularmente a los videojuegos, tienen una mejor coordinación mano-ojo y reflejos más rápidos. En la práctica, tienen tiempos de reacción más cortos y pueden controlar botones y joysticks con mucha más facilidad. Que nadie te diga que jugar a los videojuegos es una pérdida de tiempo: ¡podrías formarte bien para estudiar y ser médico en el futuro!

10. El logotipo de Firefox no es un zorro, como sugiere la palabra inglesa "fox".

¿Qué navegador web utilizas? Hay muchos para elegir, como Chrome, Internet Explorer o Firefox. Si utilizas Firefox, te resultará familiar su simpático logotipo con el animalito enroscado bajo su cola. Podrías pensar que es un zorro, ¿verdad? Sin embargo, el animal del logotipo de Firefox no es un zorro. En realidad, se trata de un adorable panda rojo, que se encuentra en Oriente. Los pandas rojos se parecen a los mapaches y a veces se les llama "firefox", de ahí el nombre del navegador web. Sin embargo, el panda rojo no es ni un mapache ni un zorro. Es una especie única llamada Ailuridae. Pero "Firefox" suena mejor, ¿verdad?

Récords

1. El perro más pequeño del mundo.

En 2011 nació el perro más pequeño del mundo. Se llamaba Miracle Milly y era una pequeña chihuahua de solo 10 centímetros de altura. Tenía la longitud de un billete de cinco euros y cabía fácilmente en una taza de té. Milly pesaba menos de 500 gramos y cabía fácilmente en la palma de una mano como una muñeca. Al parecer, también le gustaba sacar la lengua para hacer fotos. El nombre Miracle Milly, que recuerda a un milagro, es muy apropiado para una perrita tan pequeña.

2. La planta más olorosa del mundo.

Flor cadáver, así se llama la planta más apestosa del mundo y solo florece una vez cada siete o diez años. Es enorme: ¡tiene la mayor inflorescencia no ramificada del mundo vegetal! Y, como habrás

adivinado, no huele bien. Aparentemente apesta a queso caducado, pies y ajo. Afortunadamente, es originaria de Indonesia, así que no te preocupes por encontrarla en tu jardín.

3. Las uñas más largas del mundo.

Diana Armstrong es la mujer con las uñas más largas del mundo. Tardó 25 años en hacerlos crecer hasta unos impresionantes 13 metros. Desgraciadamente, este récord tiene su origen en una historia trágica. Diana tenía una hija a la que le gustaba pintarse las uñas. Una noche, la niña murió mientras dormía a causa de un ataque de asma. Para honrar su memoria, la madre decidió no cortarse más las uñas: hacerlo habría sido como cortar un recuerdo feliz de su hija. Sus uñas crecieron tanto que tocaban el suelo. Poner el esmalte de uñas le lleva a la mujer varios días, de 15 a 20 esmaltes y una herramienta de carpintería. Dice que ahora no podría cortarse las uñas; se esfuerza por mantenerlas largas y batir el récord mundial.

4. La pizza más grande del mundo.

Este es el hecho más apetitoso que puedo presentarte. La pizza más grande del mundo se llama Octavia, no tiene gluten, mide más de 40 metros de diámetro y pesa unos 23.250 kg. Tardó unas buenas 48 horas en hornearse. ¡Dudo que pueda meter una rebanada de Octavia en mi horno! Octavia se hizo para concienciar sobre la enfermedad celíaca y los beneficios de la dieta sin gluten. ¿Crees que Octavia es tan buena como una pizza normal?

5. La bañera más rápida del mundo.

En general, las bañeras no se mueven y ni siquiera tienen ruedas. ¿Pero sabías que existe un récord mundial para la bañera más rápida del mundo? En Suiza, un hombre fijó su bañera al chasis de un kart y utilizó un pequeño motor para recorrer la pista a 190 km/h. La bañera estaba completa con la alcachofa de la ducha e incluso una pequeña esponja. Sería súper relajante bañarse a 190 km/h, ¿no?

6. El bigote más largo del mundo.

Un hombre llamado Ram Singh empezó a dejarse crecer el bigote en 1970 y ahora tiene el récord del bigote más largo del mundo: ¡unos 5,5 metros! Cuando camina, lo arrastra por el suelo y pasa varias horas al día limpiándolo. ¡Eso es compromiso!

7. El sombrero más alto del mundo.

Es un sombrero gris de 4,8 metros de altura con plumas y un dueño excéntrico, y es muy, muy grande. Debido a su tamaño, hay que mirar hacia arriba para verlo todo. Su fabricante se llama Odilon Ozare y se gana la vida haciendo sombreros. Se inspiró para hacer el sombrero más alto del mundo tras crear uno muy alto para una muñeca. Tras varios intentos, por fin consiguió hacer uno que no se le cayera de la cabeza a cada paso. Imagina las cosas interesantes que podrías esconder bajo ese sombrero.

8. El gato más peludo del mundo.

Se llama Sophie Smith y es un felino muy regio con un pelaje de unos 25 centímetros. Cuidado con las bolas de pelo más grandes que hayas visto nunca: este gatito tiene el pelaje más largo de todos los gatos del mundo. Es de color marrón y negro, con hermosos ojos verdes y garras afiladas.

9. La nariz más larga del mundo.

El hombre con la nariz más larga del mundo se llama Mehmet Özyürek. Su nariz mide casi diez centímetros y hace que su rostro sea difícil de olvidar. ¿Quién sabe si también puede olfatear mejor que los demás?

10. El hombre más alto de la historia.

El hombre más alto del mundo medía más de dos metros, y al parecer era muy amable, ¡lo que resultaba reconfortante teniendo en cuenta su tamaño! Se llamaba Robert Wadlow y nació en 1918 de dos padres de estatura normal. A los cinco años, ya llevaba ropa de adolescente. Además, ¡tenía las manos y los pies más grandes jamás vistos! ¡Encontrar ropa y zapatos debe haber sido realmente difícil para él!

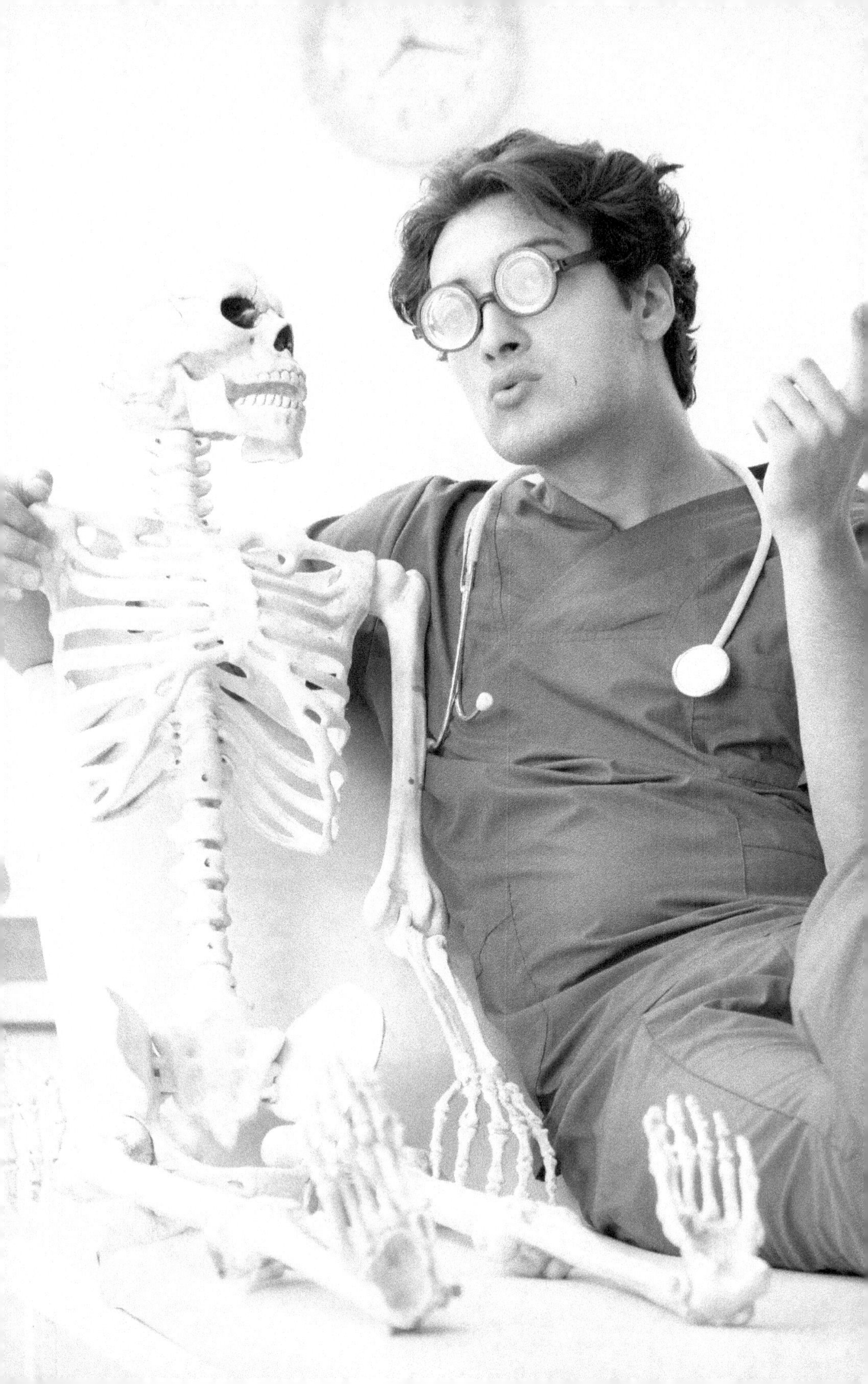

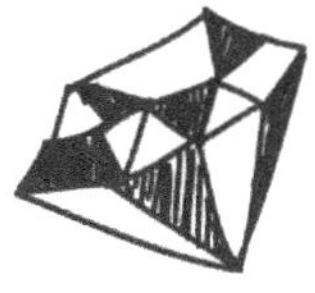    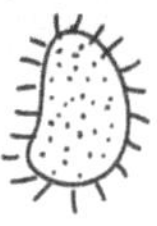 

El cuerpo humano

1. La nariz puede reconocer un trillón de olores.

¿Sabías que tienes un superpoder? ¡Está en tu cara! La nariz es una herramienta extraordinaria que utilizamos todos los días para diversas cosas. Los buenos olores pueden dar hambre, los malos olores pueden dar asco y los nuevos olores pueden dar curiosidad. Utilizamos el olfato para localizar cosas, advertir del peligro y abrir el apetito. Pero, ¿cuántos olores puedes nombrar? El número de olores en el mundo es enorme y nuestras narices pueden oler trillones de tipos diferentes. ¿Sabías que había tantos? Sí, tienes el poder de distinguir entre un trillón de aromas diferentes. Intenta salir a oler diferentes flores, observa las diferencias entre un tipo y otro e intenta describir el olor de cada una.

   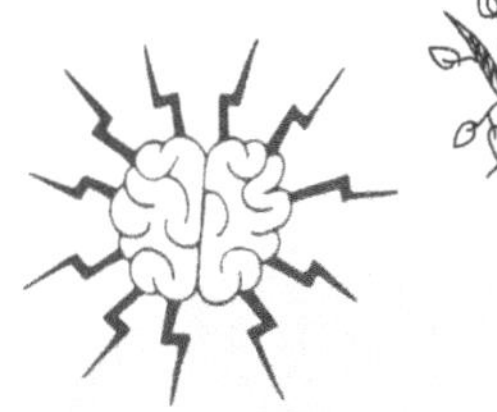

2. El cerumen es un tipo de sudor.

La cera de los oídos es una sustancia misteriosa y ambigua; ¡hay muchas cosas que quizá no sepas sobre ella! Esa cosa amarillenta en el oído es en realidad una mezcla de secreciones de las glándulas sudoríparas y células muertas. La piel del interior del oído es muy fina y delicada, y el cerumen la protege de las infecciones cubriéndola como un escudo. Si eres una persona que suda con facilidad, lo más probable es que el cerumen sea más blando y húmedo. Si no sudas mucho, puede estar seco y quebradizo. Necesitamos el cerumen para proteger y limpiar el interior del oído, así que no hay que quitarlo demasiado. Si tienes que limpiarte los oídos, hazlo con mucho cuidado o pide ayuda a tus padres.

3. Los dientes de un ser humano pueden ser tan fuertes como los de un tiburón.

Parece difícil de creer. Los tiburones tienen unos dientes tan grandes y afilados que es difícil imaginar que tengan algo en común con los de los humanos. Tenemos menos dientes y no tan grandes. Sin embargo, el diente de un tiburón tiene la misma fuerza que el de un humano. Solo hay algunas pequeñas diferencias en la composición, pero la fuerza es la misma. Los tiburones también pierden dientes como nosotros y algunos científicos afirman que pueden perder hasta unos 35.000 durante su vida. ¡Eso es mucho! Por suerte para ellos, los tiburones no tienen caries como nosotros, así que no hay tiburones odontólogos en el océano. Algunas especies tienen mucha suerte...

4. Si no fuera por la saliva, no se podría saborear la comida.

A menudo, ignoramos el importante papel de la saliva: sin ella, no podríamos tragar, digerir los alimentos o mantener los dientes protegidos. Y, sobre todo, ¡no probarías la comida! Cuando se come, el alimento debe disolverse con la saliva antes de que las papilas gustativas de la lengua puedan reaccionar e identificar el sabor y, a continuación, enviar señales al cerebro para comunicar el sabor del alimento que se está comiendo. Dato curioso: Si guardas tu saliva durante todo un año, se podría llenar una bañera con ella. Pero no lo hagas, sería un poco asqueroso y luego la necesitarás para la cena de esta noche.

5. El pulmón izquierdo es más pequeño que el derecho.

Muchas partes del cuerpo tienen el mismo tamaño, como los globos oculares o las fosas nasales, ¡pero no los pulmones! De hecho, el pulmón izquierdo es ligeramente más pequeño que el derecho porque el corazón está en el lado izquierdo y el

cuerpo crea automáticamente un espacio extra para el corazón. Esto significa que el pulmón izquierdo se ha desplazado para hacer sitio al corazón, un poco como en un banco abarrotado. ¿No es increíble cómo funciona nuestro cuerpo? En este momento están ocurriendo muchas cosas interesantes dentro de ti.

6. El ADN del cuerpo de una persona, si se "desenrolla", puede extenderse desde Plutón hasta el Sol y más allá.

¿Has visto alguna vez una foto del ADN? Está todo "enrollado" como un muelle o una escalera de caracol. Eso es lo que parece en nuestros cuerpos. Intenta imaginar esos pequeños resortes flotando dentro de ti ahora mismo. Ahora, imagina que los estiras. Se alargarán, ¿verdad? Si se tomara cada trozo de ADN del cuerpo y se desenrollara, la línea sería tan larga que llegaría al espacio, pasando por la luna y hasta Plutón. De hecho, ¡podría llegar a Plutón y volver 17 veces! Eso es mucho ADN, y eso solo en tu cuerpo. Para ser precisos, hay aproximadamente 37 trillones de células en tu interior y todas ellas contienen unos 5 centímetros de ADN si

pudieras desenrollarlas. Imagínate, ¡una escalera de caracol al espacio!

7. Solo el 2% de los humanos tiene los ojos verdes.

¿Tienes los ojos verdes? Si es así, ¡tienes una mutación! Puede parecer aterrador, pero en realidad es un rasgo muy raro y hermoso. Solo un 2% de las personas del mundo tienen los ojos verdes por naturaleza. La mutación está causada por la falta de melanina, que es una sustancia del cuerpo que produce el color. Sin embargo, los ojos verdes carecen de color. Pueden parecer de un hermoso tono menta o esmeralda, pero en realidad no tienen ningún pigmento o tinte. Las personas con ojos verdes en realidad nacieron con ojos marrones o azules y tardaron unos tres años en desarrollar ese hermoso tono de verde. De todos ellos, el verde es el color más raro del mundo para los ojos humanos.

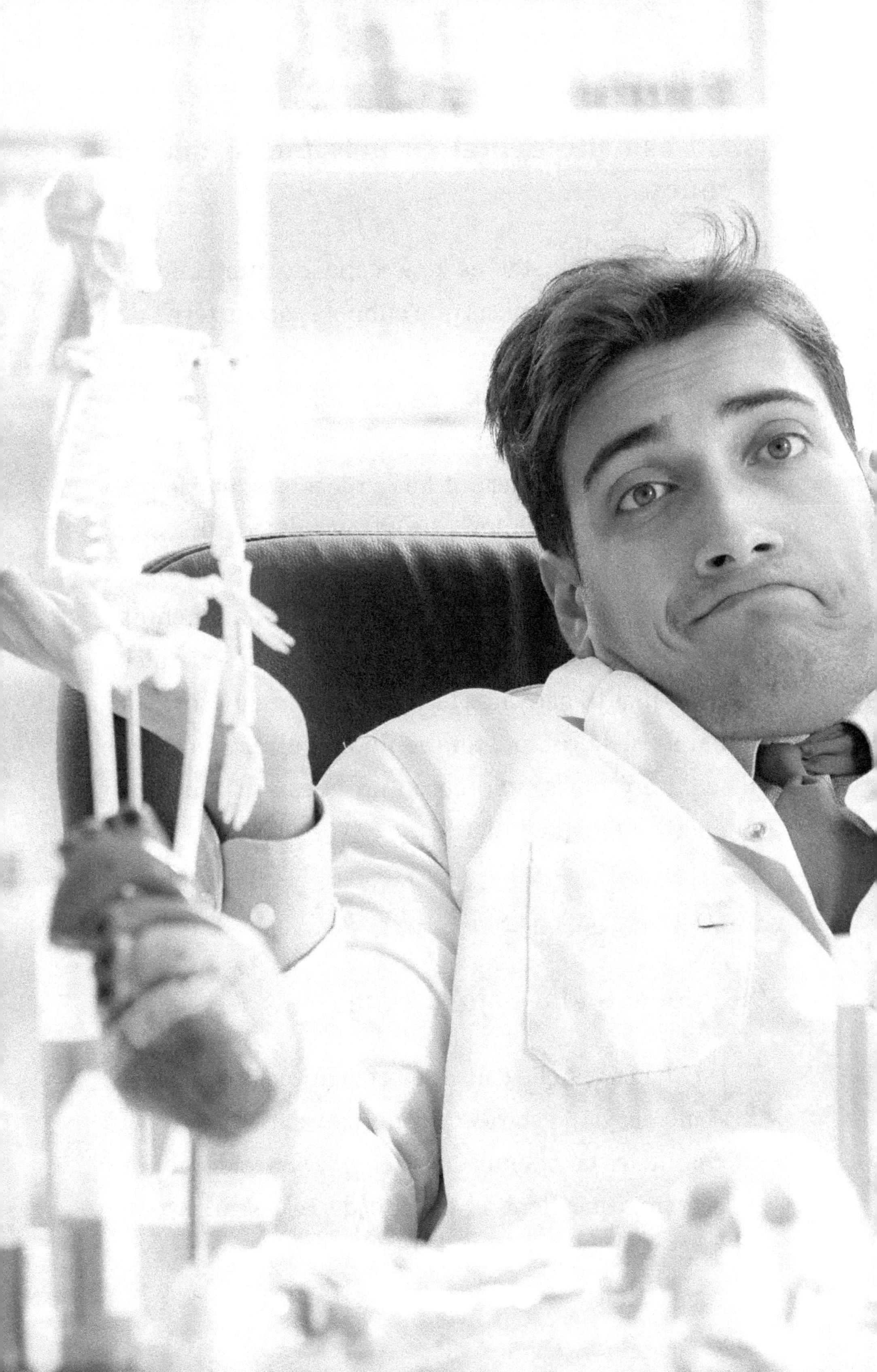

8. El esmalte dental es más fuerte que el hueso.

El esmalte dental es una capa de minerales y sustancias químicas que cubre la capa externa de los dientes, actuando como un escudo que protege los dientes de los ácidos y de cualquier otra cosa que pueda dañarlos. ¡El esmalte es en realidad la parte más fuerte de su cuerpo! Las únicas sustancias del mundo más resistentes que el esmalte dental son los diamantes. La resistencia del esmalte se debe a las proteínas que lo componen: estos filamentos proteicos son similares a los del hueso, pero son miles de veces más largas y fuertes que las de los huesos. Sin embargo, si se rompe, un diente no volverá a crecer ni se curará por sí solo como un hueso, así que ten cuidado con lo que muerdes.

9. Puedes sudar bajo el agua.

Este hecho puede causar cierta confusión. Si estás bajo el agua, estarás mojado, ¿verdad? ¿Cómo se puede sudar? La respuesta es sencilla. La sudoración es la forma que tiene el cuerpo de refrescarse, por

eso sudamos cuando tenemos calor o hacemos un esfuerzo. La sudoración bajo el agua se produce sobre todo en los deportistas que nadan muy rápido e intensamente, aunque el agua esté fría. Debido al esfuerzo, ¡empiezan a sudar! Así que, la próxima vez que estés en la piscina, nada unas cuantas vueltas y quizá empieces a sudar también bajo el agua.

10. Los bebés nacen con unos 300 huesos.

Los humanos suelen tener unos 206 huesos, pero cuando nacen, los bebés tienen unos 300. ¿Te lo imaginas? ¡Casi 100 más de los que tienes ahora en un pequeño cuerpo! Esto es así porque sus cuerpos están hechos de algo llamado cartílago, que es un tejido conectivo que protege a los huesos del roce entre ellos y da estructura a ciertas partes del cuerpo como la nariz o las orejas. Cuando el niño crece, este cartílago se fusiona como un juguete para crear el esqueleto adulto maduro. ¿No es un poco espeluznante? Los bebés tienen tantos huesos, ¡pero son tan pequeños!

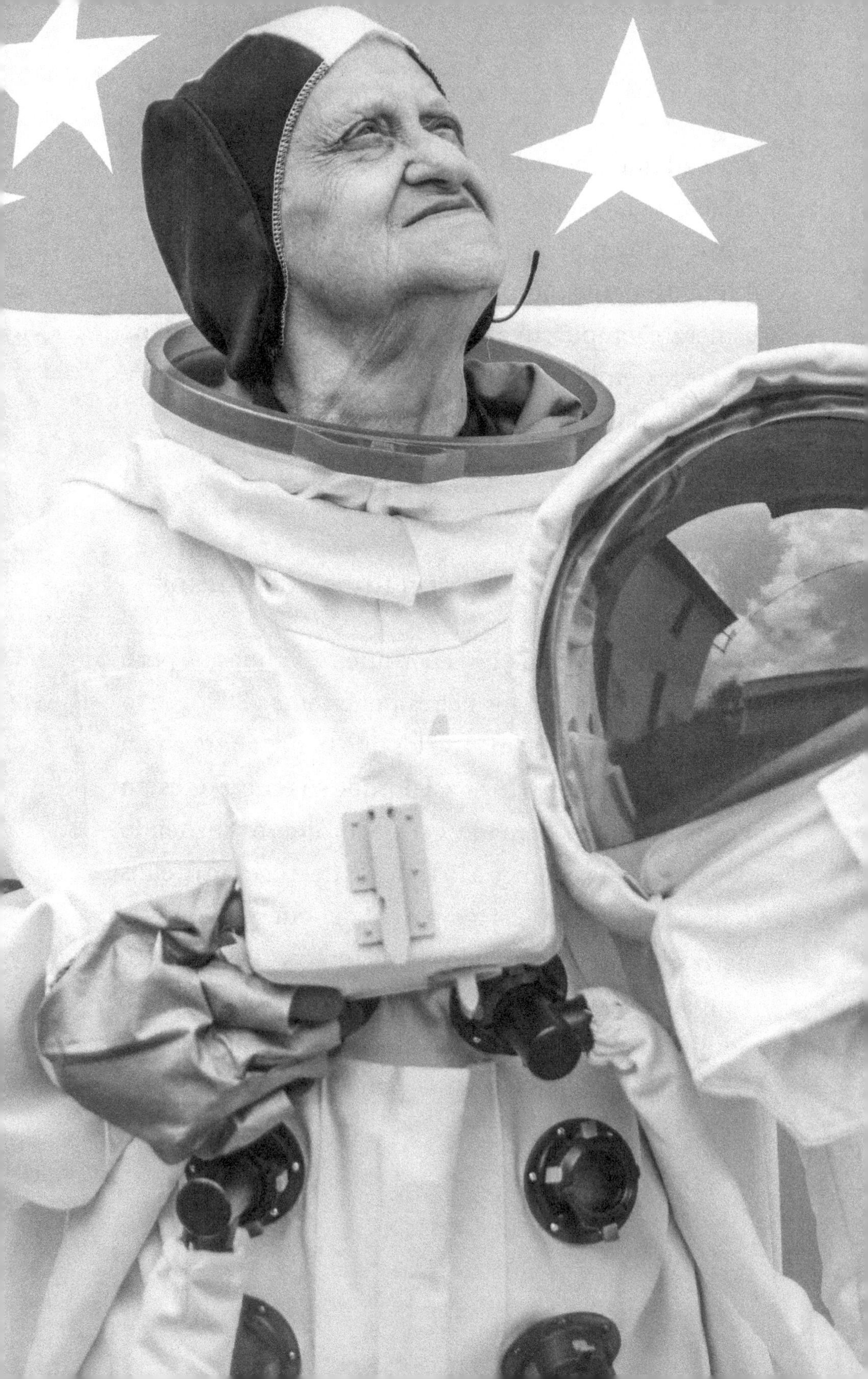

El espacio y los planetas

1. La puesta de sol en Marte es azul.

Todos pensamos en Marte como el planeta rojo, así que ¿por qué su puesta de sol es azul? Su cielo es rojo, el suelo es rojo y todo el planeta se ve rojo a través de un telescopio, pero es cierto que, al atardecer y al amanecer, el cielo tiene una tonalidad azul como no se ve en la Tierra.

El aspecto azul se debe al polvo del cielo que refleja los colores azules en las proximidades del sol. Así, mientras el cielo suele ser rojo o marrón, cuando el sol está en un determinado ángulo, todo se vuelve azul. Quizá algún día podamos verlo con nuestros propios ojos.

2. Las primeras criaturas que viajaron al espacio fueron las moscas de la fruta.

Siempre se han utilizado animales en el entrenamiento espacial. Antes de usar monos para probar sus cohetes, el hombre utilizó una criatura mucho más pequeña que todos conocemos y odiamos: las moscas de la fruta. En 1947, se lanzó al espacio un pequeño grupo de moscas de la fruta porque se pensaba que tenían una composición genética similar a la de los humanos. Querían probar si una mosca de la fruta podía sobrevivir en el espacio antes de enviar a un humano, así que los científicos observaron y esperaron su regreso seguro. Finalmente, el cohete regresó a la Tierra con las moscas de la fruta ilesas, lo que indicaba que sería seguro enviar a un ser humano al espacio.

3. No hay sonido en el espacio.

Para entender por qué el espacio es silencioso, primero debemos comprender cómo funciona el sonido. Cuando hablas o haces un ruido, el sonido vibra a través de las moléculas que te rodean. Pero

como el espacio es un vacío, no hay moléculas a través de las cuales puedan vibrar las ondas sonoras. Así que todas esas películas del espacio en las que hay fuertes explosiones y ruidos de rayos láser hacen que la película sea más emocionante, pero no son ciertas. Incluso, la mayor explosión no haría ningún ruido en el vacío del espacio.

4. Urano gira sobre un lado.

Urano es el séptimo planeta desde el sol. Hace mucho frío y viento y tiene una rotación inusual. Mientras que la mayoría de los planetas giran en sentido contrario a las agujas del reloj, Urano lo hace por un lado, con su eje de rotación inclinado casi en ángulo recto respecto al de todos los demás planetas del Sistema Solar. Un día en este planeta dura unas 17 horas y suele completar una órbita completa alrededor del sol en 84 años terrestres. Es un año muy largo para que alguien viva en Urano. Debido a su extraña forma de rotar, algunos científicos especulan que algo masivo golpeó una vez a Urano, inclinándolo sobre su costado. No se ha demostrado si esto es cierto o no, pero, ¿no es interesante pensar

que algo tan grande en el espacio podría cambiar la rotación de todo un planeta?

5. Un millón de planetas terrestres podrían entrar en el sol.

¿Te imaginas un millón de planetas Tierra? Nuestro planeta ya es enorme. Tardaríamos más de 8.000 horas en dar la vuelta a la Tierra, así que imagínate lo que tardaríamos en dar la vuelta a un millón de ellas. Así de grande es el sol. A simple vista, el sol no parece tan grande, pero en realidad es el cuerpo más grande de nuestro sistema solar. Al lado del sol, la Tierra no parece más que un pequeño punto. ¡Es realmente un gigante!

6. Júpiter es el planeta que gira más rápido del sistema solar.

Un día en Júpiter solo dura 10 horas: ¡no hay tiempo para hacer mucho! Si vivieras en Júpiter, dormirías la mayor parte del día, tal vez comerías un

poco, ¡y luego ya sería hora de volver a la cama! Mejor evitar los planes de vivir en Júpiter. Nunca tendríamos tiempo para ver películas o salir con los amigos, pero al menos la jornada escolar sería corta. Se supone que Júpiter solía girar más rápido que ahora, pero algo lo ha frenado. Sin embargo, sigue siendo el planeta más rápido de nuestro sistema solar... sin duda ganaría cualquier carrera contra los demás planetas.

7. Hay huellas de neumáticos en la luna.

Las huellas de los neumáticos en el barro o la tierra suelen ser arrastradas o borradas por la lluvia. Sin embargo, ¡no hay ningún evento meteorológico en la Luna! Ni el viento ni la lluvia pueden borrar las huellas de los neumáticos de un vehículo lunar utilizado por los astronautas durante las misiones lunares de hace tiempo. Incluso hoy en día, seguimos dejando huellas de neumáticos y pisadas en la superficie de la luna. Si miras al cielo nocturno y entrecierras los ojos, ¡tal vez puedas verlos!

8. El nombre de Plutón lo puso una niña de 11 años.

A la tierna edad de 11 años, en la década de 1930, una niña llamada Venetia leyó un artículo de periódico sobre un planeta recién descubierto. Recientemente había hecho un proyecto sobre los planetas y estaba pensando en sus diferentes nombres, todos ellos inspirados en dioses romanos de la mitología. Esa mañana, durante el desayuno, había sugerido simplemente el nombre de "Plutón" y su familia había estado de acuerdo en que era un buen nombre. El abuelo le contó a un amigo de la Universidad de Oxford la sugerencia de su nieta, y el planeta enano fue bautizado como Plutón. ¿Tienes alguna buena idea sobre nombres de planetas? ¿Por qué no compartir sus ideas? Nunca se sabe quién puede escucharlos.

9. El volcán más alto conocido por el hombre está en Marte.

¿Sabías que hay volcanes en Marte? Tenemos mucho que aprender sobre nuestro vecino

rojo, incluido el hecho de que alberga el mayor volcán conocido por el hombre. En la Tierra, el mayor volcán es el Mauna Loa, en Hawái, pero el de Marte, llamado Olympus Mons, es cien veces mayor. De hecho, todo el territorio de Hawái podría caber fácilmente dentro del monte Olimpo. Esperemos que no estalle pronto.

10. Las tormentas en Neptuno son lo suficientemente grandes como para engullir toda la Tierra.

Neptuno es el octavo planeta desde el sol y, con diferencia, el más ventoso. Su superficie está hecha de hielo y agua con enormes tormentas que son lo suficientemente grandes como para engullir toda la Tierra. Los vientos en Neptuno alcanzan unos 2.500 km por hora, una velocidad muy superior a la que podría alcanzar cualquier avión. A 2.500 km por hora, ¡recorrería todo el planeta! Esperemos que nunca haya una tormenta así aquí en la Tierra.

1. El golf se jugó en la luna.

Algunos afirman que el golf es aburrido, pero una curiosidad que lo hace más genial es que ¡es el primer deporte que se ha practicado en la luna! Ningún otro deporte puede decir eso, ni el fútbol, ni siquiera el baloncesto. En 1971, el astronauta Alan Shepard se llevó un palo de golf al espacio. Consiguió golpear dos pelotas en la superficie lunar e informó de que viajaron "kilómetros y kilómetros". De hecho, la Asociación de Golf de Estados Unidos afirma que las dos bolas solo recorrieron 38 y 64 metros. Esas pelotas de golf probablemente todavía están en la luna. ¿Cuál crees que será el próximo deporte que se practique en la Luna?

2. Los atletas de atletismo consiguen establecer más récords al final del día, cuando su temperatura corporal es más alta.

Hay algo en nuestro cuerpo que se llama ritmo circadiano. Es un reloj interno que decide nuestro estado de ánimo, cuándo comemos y cuándo nos cansamos. Tu ritmo circadiano puede hacer que seas una persona matutina, que te guste picar por la noche o que tengas más energía por la tarde. ¡Esto es lo que les pasa a los atletas! Algunos estudios sugieren que el ritmo circadiano puede determinar cuándo un atleta está en su máximo rendimiento. Por la noche, ciertas hormonas, es decir, sustancias químicas del cuerpo, pueden influir en la fuerza muscular y la velocidad de reacción: se cree que el pico de rendimiento de un atleta es a última hora de la noche, ¡pero no demasiado tarde! Por la noche y a primera hora de la mañana, es más probable que se produzca una lesión. Pruébalo tú mismo y descubre si rindes más por la mañana o por la tarde.

3. El jugador de béisbol que predijo el futuro.

En 1963, el jugador de béisbol estadounidense Gaylord Perry dijo: "Pondrán un hombre en la luna antes de que yo haga un jonrón". De alguna manera, ¡predijo el futuro! De hecho, ocurrió exactamente lo que dijo. La NASA envió a un hombre a la luna antes de que este hiciera su primer jonrón. Seis años después de su declaración, unas horas después de que Neil Armstrong pusiera el pie en la luna, Perry por fin consiguió el primer y único home run de su vida. ¡Qué casualidad! Siempre tuvo razón: solo llegó a un jonrón después de que la NASA pusiera un hombre en la luna.

4. Babe Ruth a veces llevaba una hoja de col bajo su gorra para refrescarse.

A principios del siglo XX, los uniformes de béisbol eran de lana. ¿Has llevado alguna vez una chaqueta de lana en un caluroso día de verano? Si es así, ya sabes el calor que se puede sentir. Babe

Ruth, el famoso jugador de béisbol, tenía que llevar un uniforme de lana. Para refrescarse durante los partidos, ponía hojas de col en una nevera y las metía bajo el sombrero, cambiándolas cada dos entradas. En realidad, ¡necesitaba dos hojas de col al mismo tiempo debido a su gran cabeza!

5. Hay entre 300 y 500 cavidades en una pelota de golf.

El número de cavidades de una bola de golf difiere según el fabricante, pero generalmente se sitúan entre 300 y 500. ¿Te has preguntado alguna vez por qué? Porque crean turbulencias, es decir, un flujo de aire irregular que genera fuertes fluctuaciones. De este modo, al golpear, las bolas llegan más alto y más lejos. Las pelotas de golf utilizan la misma física para volar que los aviones. Y, como ocurre con muchos grandes inventos, fue un descubrimiento casual. Los primeros golfistas se dieron cuenta de que las pelotas con una superficie irregular volaban a mayor distancia y llegaban más alto que las pelotas lisas. Así que empezaron a hacer pequeñas abolladuras en las bolas, y pronto las cavidades se convirtieron en la norma.

6. El tira y afloja fue una vez un deporte olímpico.

De 1900 a 1920, el tira y afloja formó parte de los Juegos Olímpicos. Seguro que has jugado al tira y afloja en el colegio o con una mascota, pero ¿sabías que este deporte se remonta probablemente a unos 500 años antes de Cristo, en la época de los antiguos Juegos Olímpicos? Normalmente, se enfrentaban dos equipos de ocho personas tirando de una gran cuerda en un concurso de fuerza. ¡El equipo más fuerte ganó la medalla de oro! Así que la próxima vez que juegues al tira y afloja en el patio del colegio, recuerda que estás practicando un deporte antiguo que en su día se incluyó en los Juegos Olímpicos.

7. Los zurdos son mejores en los deportes.

Aunque solo el 10% de la población mundial es zurda, ¡la mayoría de los deportistas lo son! En la naturaleza, los animales cuyo lado izquierdo prevalece sobre el derecho tienen ventaja contra

los depredadores. Los caracoles de mar se inclinan hacia la izquierda y están mejor protegidos contra los cangrejos peludos, cuya pinza derecha es más grande que la izquierda. Se cree que como la mayoría de las criaturas prefieren la derecha, todo lo que prefiere la izquierda tiene un elemento de sorpresa. Así, en el ámbito deportivo, un lanzador que utiliza la mano izquierda puede sorprender a sus adversarios con su inusual forma de lanzar. Lo mismo ocurre con deportes como el boxeo. Un atleta zurdo tomará a su oponente por sorpresa porque es muy probable que el oponente espere instintivamente que sus golpes vengan de la derecha. Ser zurdo es genial.

8. Las personas con ojos marrones tienen mejor puntería y mayor capacidad de respuesta que las de ojos azules.

La altura da ventaja al atleta en el baloncesto, mientras que la velocidad y la fuerza lo hacen en el fútbol. Cada deporte requiere ciertas habilidades específicas de sus jugadores, pero, ¿sabías que el color de los ojos también puede influir? Es cierto. Un estudio científico realizado en la Universidad de

Luisiana sugiere que las personas con ojos marrones reaccionan más rápido que las personas con ojos azules. Sin embargo, esto solo se aplica a los deportes rápidos y reactivos, como el boxeo o el golpeo de una pelota. Otros deportes, como lanzar una pelota de béisbol o jugar a los bolos, se consideran deportes en los que uno decide su propio ritmo, es decir, procede a su propia velocidad. En este tipo de deportes, las personas con ojos azules obtuvieron una puntuación significativamente mayor que las personas con ojos marrones. ¿Por qué esta diferencia? En realidad, no estamos seguros. Pruébalo y comprueba qué tipo de deporte se te da mejor y si tiene algo que ver con el color de tus ojos.

9. En Tailandia, el vuelo de cometas es un deporte profesional.

¿**H**as volado alguna vez una cometa? Es un pasatiempo tan sencillo que algunos ni siquiera lo consideran un deporte. Pero, ¿sabías que, en Tailandia, volar cometas es uno de los deportes más populares e importantes? Es cierto. En primavera, en Tailandia, se pueden ver todo tipo de cometas

flotando sobre la cabeza. También hay cometas que emiten sonidos relajantes y agradables. Sin embargo, este deporte no siempre es tan pacífico. Para competir en una competición de cometas, debe haber dos equipos. En Tailandia, suelen llamarse *pakpao* y *chula*. Para ganar, un equipo tiene que derribar la cometa del otro. ¡Es como una pelea de cometas! Tal vez la próxima vez que vueles una cometa, pídele a un amigo que compita.

10. El primer maratón de la historia lo ganó un chef.

Enfrentarse a un maratón debe ser difícil. Hay que correr muy rápido y durante largas distancias. Por lo tanto, es natural que un atleta compita y gane este tipo de deporte, ¿verdad? Sin embargo, el primer maratón de la historia lo ganó un ciudadano común, un hombre llamado Koroibos, a veces escrito como Coroebus. ¡Y era simplemente un chef! ¿Mencioné que ocurrió en el año 776 a.C.? Quizás el nivel de exigencia de las competiciones era menor en aquella época; al fin y al cabo, solo era una carrera de 180 metros. Si todavía pudiéramos participar en competiciones

como esa, ¡quizá todos seríamos medallistas de oro olímpicos! La historia de Coroebus demuestra que no hace falta ser un atleta para conseguir grandes cosas. Simplemente lo hizo lo mejor que pudo y, como resultado, pasó a la historia como el primer ganador de un maratón. Así que, haz como Coroebus e *inténtalo*; ¡nunca se sabe lo que puede pasar!

1. Rusia está a solo 3 km de Alaska.

Dos de los países más grandes del mundo solo están separados por unos 3 km. Son Siberia y Estados Unidos. Rusia, o Siberia como se denomina a ciertas partes del país, es la nación más grande del mundo. Estados Unidos ocupa el cuarto lugar en cuanto a tamaño. Recuerda que, aunque Alaska no esté cerca del resto de los estados, sigue siendo parte de Estados Unidos, al igual que las pequeñas islas de la costa. A solo 40 km de la costa de Alaska, se encuentra una isla llamada Pequeña Diómedes y a unos 3,8 km de ella otra isla llamada Gran Diómedes, que se considera parte de Rusia. Dado que estas dos islas están separadas por solo 3,8 km, se considera que Rusia y Alaska están técnicamente separadas por unos 4 km. Sin embargo, el viaje de Alaska a Rusia no es corto. A pesar de la corta distancia, ¡se necesitan 21 horas para viajar de una isla a otra! A veces, estas islas se llaman Isla de Ayer e Isla de Mañana. Quizá

pienses: "¡Eso no tiene sentido! Solo hay dos horas de diferencia".

Pero es cierto. La hora de la Isla de Gran Diómedes (Isla de Ayer) es 21 horas más que la de la Pequeña Diómedes. Esta última tiene el mismo huso horario que Alaska, mientras que la Gran Diómedes está en el mismo huso horario que Rusia, que está 12 horas por delante. Los husos horarios pueden confundirnos a veces.

2. Hawái se acerca a Alaska en 7,5 cm cada año.

¿Sabías que bajo tus pies hay placas gigantes que se mueven constantemente? Son más bien trozos gigantescos de la corteza terrestre. Se denominan placas tectónicas y forman parte del fondo oceánico y de los continentes. Estas placas se mueven constantemente en diferentes direcciones, pero cuando chocan, la presión se acumula entre sus límites y provoca lo que conocemos como un terremoto. Como estas placas están siempre en movimiento, esto significa que los países, los

continentes y los estados también lo están. Hawái se encuentra en la llamada Placa del Pacífico, que se desplaza lentamente hacia el noroeste, en dirección a Alaska. Estas placas tectónicas se mueven a la misma velocidad que crecen nuestras uñas. Así que cuando te crezcan las uñas, puedes decir con seguridad que incluso Hawái se ha acercado un poco más a Alaska. Quizá dentro de mil años vayamos a pie desde Hawái hasta Alaska.

3. El volcán Kilauea es el más activo del mundo.

He aquí otro dato interesante sobre Hawái: alberga el volcán más activo del mundo, el monte Kilauea. Kilauea significa en realidad "nube de humo ascendente" en hawaiano. En el pasado, la parte inferior del volcán se llenó de lava y entró en erupción varias veces, creando lo que se conoce como el cráter Halema'uma'u, el más activo por el calor y la lava de su interior. La leyenda dice que Halema'uma'u es el hogar de Pele, la diosa hawaiana del fuego. Debe estar muy ocupada porque el Monte Kilauea entra en erupción con bastante frecuencia.

Sin embargo, no es el tipo de erupción que se ve en la televisión. No hay magma caliente fluyendo por las laderas de la montaña, aunque sería bastante bonito de ver (¡pero no mucho de contemplar!). En cambio, las erupciones fluyen hacia Halema'uma'u y crean un lago de lava dentro del cráter. Sin embargo, en 1955 el volcán entró en erupción, acompañado de varios terremotos, y la lava se derramó por las laderas de la montaña y destruyó casi 10 kilómetros cuadrados de tierras de cultivo. Esperemos que no estemos de vacaciones en Hawái cuando el Kilauea explote.

4. En Filipinas hay una isla dentro de un lago... en una isla.

Parece un trabalenguas. Léelo en voz alta. Hay una isla dentro de un lago, en una isla que está dentro de un lago... en una isla. ¿Tiene sentido? ¿Cómo es posible? Por extraño que parezca, lo hace. El lago Taal está en una isla llamada Luzón, en el norte de Filipinas. Así que es un lago en una isla. Ahora, en medio del lago Taal, hay una pequeña isla llamada Isla del Volcán, y en la Isla del Volcán hay un lago

llamado Lago del Cráter, que también tiene una isla en el medio llamada Punta Vulcano. Aclaremos esto: hay un lago en una isla, y el lago tiene una isla, que también tiene un lago, que también tiene una isla. ¿Está claro? Este fenómeno también se ha producido en Canadá, donde hay un lago en una isla e islas en esos lagos. Yo diría que es un poco difícil de entender.

5. La Antártida es un desierto.

¿Qué hace que un desierto sea un desierto? ¿Un desierto tiene arena y cactus? ¿Está seco y llueve poco? Sería bueno pensar que un desierto es un terreno baldío caracterizado por colinas arenosas, porque así son la mayoría de los desiertos. Sin embargo, la Antártida también puede considerarse un desierto. De hecho, es el mayor desierto del mundo. Un desierto se define como una zona con muy poca lluvia y nieve, sin agua líquida en el suelo y con muy pocas plantas y animales. Quizá pienses: "¡Pero la Antártida está congelada! Debe haber agua para tener todos esos glaciares". Y tendrías razón. La Antártida tiene mucha agua, pero en forma de hielo que nunca

se derrite, ni siquiera en verano. Y no hay vapor de agua ni humedad en el aire porque el frío lo congela todo. De hecho, es el continente más seco del mundo. ¿Sabías que un desierto puede ser frío? Y un desierto frío es tan peligroso como uno caliente. Así que cualquiera que visite la Antártida es técnicamente un desierto. ¿Eso convierte a los pingüinos en animales desérticos? Yo diría que sí.

6. El Parque Nacional de Yellowstone tiene un supervolcán.

Hay volcanes, y luego hay supervolcanes. ¿Qué hace que un volcán sea súper? Todo depende de esta maravillosa cosa llamada Índice de Explosividad Volcánica, que es un indicador bastante interesante. El índice de explosividad de los volcanes evalúa el tamaño y el peligro de las erupciones y si un volcán entra en erupción alcanzando el nivel 8, entonces se clasifica como supervolcán. Así que, en pocas palabras, son volcanes muy grandes que pueden emitir mucha lava. Suena bastante peligroso, pero en realidad hay un supervolcán en uno de los parques nacionales más visitados de Estados Unidos.

El Parque Nacional de Yellowstone alberga Caldera, un volcán gigante que abarca dos estados y tiene el tamaño del estado de Rhode Island. La lava alimenta los géiseres y las fuentes termales de Yellowstone, lo que hace que todo esté caliente y lleno de vapor en el Parque Nacional. Aunque Caldera es un volcán activo, los científicos no creen que vaya a entrar en erupción en breve, por lo que se puede ir de vacaciones allí con total seguridad en el futuro.

7. Kentucky tiene más cuevas que cualquier otra región del mundo.

¿Sabía que Kentucky ostenta el récord mundial de tener el sistema de cuevas más largo conocido por el hombre? Bajo los pies de sus ciudadanos, existe un laberinto llamado Mammoth Cave, del que se han explorado unos 640 km, pero el sistema de parques nacionales estima que en realidad son unos 965 km, ¡por lo que aún quedan muchos kilómetros sin explorar! Algunos afirman que todo lo que hay en la Tierra ya ha sido descubierto, pero es evidente que esto no se aplica a la Cueva del Mamut. ¿Quieres explorar el resto? Lleva una linterna, ¡puede

estar muy oscuro! De hecho, hay una raza de peces que se ha acostumbrado tanto a la oscuridad que ya no tiene ojos. Así es, ¡hay un pez llamado *pez de las cavernas sin* ojos que es ciego! Por lo tanto, nunca dejes que conduzcan un coche. La Cueva del Mamut se considera a menudo una cápsula del tiempo porque conserva unos 5.000 años de historia humana. ¿Te imaginas caminar por el mismo sistema de cuevas que los primeros humanos utilizaron hace tanto tiempo?

8. Puede nevar en el desierto del Sahara.

El desierto del Sahara es muy caluroso y, como sabes, en los lugares cálidos no suele nevar. Además, como hemos aprendido sobre la Antártida, sabemos que no hay humedad en el desierto, ni siquiera en el aire. La nieve necesita humedad y bajas temperaturas para formarse, así que ¿cómo es posible que nieve en uno de los lugares más calurosos de la Tierra? Es ciertamente extraño de ver, pero no es imposible. De hecho, los desiertos son muy fríos por

la noche, alcanzando temperaturas de unos -15 °C. El desierto está rodeado de océanos, mares y montañas. La humedad de estas fuentes de agua se congela en el aire si hace suficiente frío, y luego cae en los bordes del desierto. Por la noche, cuando la arena está fría, la nieve puede permanecer en el suelo durante un tiempo. Así, si visitas las zonas montañosas del desierto del Sáhara, ¡podrías encontrar nieve sobre la arena roja!

9. El nombre completo de Bangkok consta de 163 letras.

Bangkok es la capital de Tailandia, conocida por su bulliciosa vida callejera y sus numerosos templos antiguos. Pero lo que muchos no saben es que Bangkok no es el nombre real de la ciudad, sino su apodo. ¿Tienes un apodo al igual que la capital de Tailandia? ¿Quieres saber el verdadero nombre de Bangkok? Es *Krung Thep Mahanakhon Amon Rattanakosin Mahinthara Yuthaya Mahadilok Phop*

Noppharat Ratchathani Burirom Udomratchaniwet Mahasathan Amon Piman Awatan Sathit Sakkathattiya Witsanukam Prasit. Intenta leerlo en voz alta. Si visitas Tailandia, puedes impresionar a los lugareños diciéndoles que conoces el verdadero nombre de su capital.

10. La Fosa de las Marianas es el punto más profundo de la Tierra.

¿**S**abía que el lugar más oscuro y profundo del mundo está bajo el Océano Pacífico? Se llama Fosa de las Marianas y tiene casi 11.000 metros de profundidad. Si el Monte Everest estuviera en el fondo de la Fosa de las Marianas, la cumbre de la montaña seguiría estando a 2.000 metros por debajo del nivel del mar. ¡Eso es profundidad! Solo dos personas en la historia han llegado al fondo de la Fosa de las Marianas, y fueron Jacques Piccard y el teniente de navío Don Walsh. Hace cincuenta años, estos dos hombres se embarcaron en un submarino de la Marina estadounidense y se dirigieron al fondo de la parte más profunda de la fosa. Pero como estaba tan oscuro y turbio, ¡no pudieron hacer fotos! Informaron

haber visto un pez plano nadando alrededor de su submarino. Sin embargo, los científicos aún saben muy poco sobre lo que existe en las profundidades de ese extraordinario mundo. Si nadas hasta el fondo del océano, la presión del agua y de la atmósfera aumenta hasta condiciones insoportables. Por eso, necesitamos instrumentos especiales para explorar los fondos marinos. Algunos científicos creen que incluso los animales no podrían sobrevivir en el fondo del océano debido a la presión. Otros no están tan seguros. ¡Podría haber peces inexplorados viviendo en la Fosa de las Marianas! Además, la fosa tiene varios extraños volcanes submarinos. ¿Sabías que puede haber volcanes submarinos? Emiten líquido caliente a unos 102 °C e incluso tienen charcos de azufre fundido, algo que no se ve en ningún otro lugar del planeta. ¿Te gustaría explorar la fosa algún día? Quizá puedas construir un submarino y ser la próxima persona en llegar al fondo.

1. Hubo un tiempo en el que usar tenedores se consideraba ofensivo.

Los tenedores forman parte de nuestra vida cotidiana, por lo que no es algo en lo que pensemos mucho. Pero, en la Italia del siglo XI, los tenedores se consideraban escandalosos y eran un sacrilegio, es decir, ofensivos para la cultura, los dioses y la tradición. Las primeras horquillas no eran como las actuales. Solo tenían dos púas y un tosco mango. Además, eran increíblemente caros. En consecuencia, no todas las familias podían permitírselo; de hecho, la mayoría de la gente comía con las manos. Pero algunos ni siquiera los querían. En el siglo XI, la Iglesia afirmaba que Dios creó a los seres humanos con dedos para que pudieran tocar y comer los alimentos; por tanto, el uso del tenedor se consideraba ofensivo. Durante unos cien años, mucha gente se escandalizó por el uso de tenedores en la mesa, pero las familias de clase alta empezaron a utilizarlos gradualmente a pesar de la desaprobación de la Iglesia. Se dice que los nobles

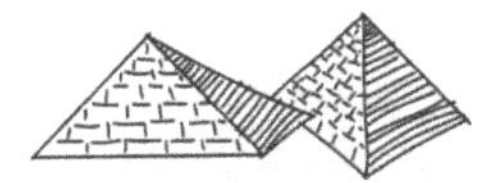

utilizaban horquillas para los duelos, pero esto no se ha demostrado. Cuando cenes esta noche, piensa en la larga y curiosa historia del tenedor.

2. En una época, la salsa de tomate se vendía como medicamento.

¿Comerías la salsa de tomate por sus beneficios para la salud? Probablemente no. Pero en el siglo XIX eso es exactamente lo que hacía la gente. La salsa de tomate en el siglo XIX era muy diferente a como lo conocemos hoy. De hecho, se hacía con pescado o setas. En 1834, el Dr. John Cooke Bennett añadió tomates a una mezcla de salsa de tomate, haciéndolo más parecido a la salsa que conocemos hoy. El médico afirmaba que su salsa de tomate podía curar los dolores de estómago, así como otras enfermedades graves. ¡Incluso contrató a una persona para producir su receta de salsa de tomate en forma de píldora! Por supuesto, la salsa de tomate no podía curar ninguna enfermedad, así que en 1850 la industria de la medicina basada en la salsa de tomate se hundió. La moraleja de la historia es: la salsa de tomate no es muy útil como medicina, ¡pero es genial en las patatas fritas!

3. La guerra más corta de la historia duró 40 minutos.

El 27 de agosto de 1896, cinco barcos de la Marina Real Británica atacaron el palacio real de Zanzíbar. Lo hicieron porque tras la muerte del sultán, o el rey de Zanzíbar, su sobrino había llegado al poder. Los británicos lo consideraban demasiado independiente y temían por su control sobre el país. Navegaron hasta Zanzíbar y dieron al nuevo sultán una opción: podía rendirse o ser atacado. Tras una hora de espera, el nuevo sultán aún no se había decidido, por lo que la Marina Real Británica comenzó a atacar. El palacio fue destruido y el sultán huyó. Tras 40 minutos de guerra, se izó una bandera blanca y Zanzíbar se rindió a la Marina Real Británica. Esta fue la guerra más corta de la historia, a menudo llamada la Guerra Anglo-Zanzibar de 1896. ¿No sería bonito que todas las guerras fueran tan cortas?

4. Thomas Edison no inventó la bombilla.

Thomas Edison suele ser considerado el hombre que inventó la bombilla, pero ¿es realmente así? No. *Contribuyó a la* creación de la bombilla, pero hubo varios inventores, ingenieros y científicos que se ocuparon de los usos prácticos de la electricidad. En 1800, un inventor italiano llamado Alessandro Volta desarrolló una forma de generar electricidad con un invento hecho de cartón, agua salada, cobre y zinc. Ese invento se considera más bien una batería, ¡pero también era capaz de producir luz! Poco después de que Volta presentara su invento al mundo, otros inventores comenzaron a experimentar con la electricidad. Un hombre llamado Humphrey Davy inventó la primera bombilla eléctrica del mundo. Esta bombilla brillaba como las que conocemos hoy en día, pero por desgracia, se quemaba rápidamente y no se podía utilizar en los hogares. Fue el químico inglés Joseph Swan quien finalmente creó una bombilla que funcionaba eficazmente. Lo único que hizo Thomas Edison fue ajustar una parte de la bombilla para que funcionara mejor y pudiera usarse dentro de las casas. Joseph Swan aceptó los cambios de Edison y creó una empresa de bombillas, a la que Edison demandó posteriormente por infracción de patentes: una patente demuestra legalmente que se ha inventado algo, mientras que la infracción es el acto de robar la idea de otra persona. Finalmente, los dos hombres dejaron de lado sus diferencias y unieron sus fuerzas para crear una empresa con el nombre de ambos.

5. Hubo un tiempo en que las piñas eran un símbolo de estatus.

Es fácil saber cuándo alguien tiene un estatus alto. Quizá lleven ropa elegante, tengan una casa grande o conduzcan un coche caro. Lo mismo ocurría con los ingleses en el año 1700, pero mostraban su estatus con algo que no esperaríamos: ¡la piña! Esta gran fruta se colocaba en la mesa con la esperanza de impresionar a los invitados. La gente llevaba piñas bajo el brazo como si fueran bolsas y contrataba guardaespaldas para asegurarse de que nadie las robara.

Nadie comía esas piñas, porque eran demasiado caras y valiosas. Más bien, la gente los llevaba a fiestas y eventos hasta que se pudrían. ¡Incluso era posible alquilar una piña para una fiesta! En la década de 1770, la frase "Una piña del mejor sabor" se utilizaba para describir algo que era lo mejor de lo mejor. Pero, ¿por qué tanto alboroto por una fruta? Porque la piña era desconocida para los ingleses, que podían asignar un significado a la fruta, lo que efectivamente hicieron. Además, resultaba bastante caro hacerlo importar a Inglaterra desde los países de origen, por lo que solo los ricos podían comprar o alquilar uno. ¿Te imaginas alquilar una fruta? ¿O llevar una contigo para enseñársela a tus amigos? ¡Prefiero simplemente comerlo!

6. Paul Revere nunca gritó: "¡Vienen los británicos!".

Quizá conozca la historia de Paul Revere, que supuestamente atravesó con su caballo las ciudades de Concord y Lexington gritando: "¡Vienen los británicos!". Pero esa historia no es en absoluto

cierta. Paul Revere nunca recorrió las calles de Concord gritando; ni siquiera llegó a Concord. Más bien, cabalgó con otros dos hombres y solo uno de ellos llegó a Concord para advertir al pueblo de la inminente invasión británica. Tampoco lo hizo a gritos: por el contrario, advirtió discretamente a los pueblos de que las tropas británicas se escondían en el campo. Incluso la frase: "Vienen los británicos" es una falacia, porque la gente de aquella época todavía se consideraba británica. Lo que dijo en voz baja a los habitantes del pueblo fue: "Vienen los regulares", que era un término que utilizaban para describir a los soldados británicos.

No dejes de contar a tus amigos y profesores la verdadera historia de Paul Revere.

7. Los antiguos egipcios utilizaban piedras como almohadas.

¿Te gusta tener una almohada? La mayoría de la gente aprecia la comodidad de su propia almohada, un objeto que el ser humano lleva utilizando desde hace unos 2.000 años. Los antiguos

egipcios, en cambio, utilizaban un reposacabezas de piedra, con una sección tallada para apoyar la cabeza. Al parecer, los utilizaban porque sus camas estaban cerca del suelo y temían que los insectos se metieran en sus oídos. ¡Asqueroso! El reposacabezas les cubría las orejas impidiendo que esto sucediera. Tal vez no era tan mala idea después de todo.

8. Una vez, Napoleón fue atacado por un grupo de conejos.

Todos tendemos a pensar en Napoleón Bonaparte como un temido general militar; sin embargo, su batalla más dura tuvo lugar en un tranquilo día de caza. Uno de los hombres de Napoleón organizó la cacería comprando más de 3.000 conejos a los agricultores locales. Quería impresionar a Napoleón y obtener sus buenas gracias. Pero en cuanto se abrieron las jaulas, los conejos corrieron hacia Napoleón y sus hombres. El que había organizado la cacería había comprado conejos que no temían a los humanos. Pensaron que Napoleón les daría de comer, así que se abalanzaron sobre los cazadores tal y como Napoleón atacaba a sus enemigos en la guerra. Los hombres cayeron al suelo gritando. ¿Qué nos enseña esta historia? Nunca subestimes a un conejo hambriento.

9. George Washington no tenía dientes de madera.

¿Has oído alguna vez que el primer presidente de los Estados Unidos tenía dientes de madera? Aunque es cierto que tenía prótesis, es decir, dientes postizos, ¡estos no eran de madera! Cuando George Washington se convirtió en presidente, ¡solo le quedaba un diente! Al parecer, tenía un mal dentista. Se dice que el mito de los dientes de madera surgió porque el marfil y el colmillo de los que estaban hechos sus dientes se agrietaron, creando pequeñas líneas. Y como a George le gustaba beber vino tinto, sus dientes acabaron volviéndose marrones y rojizos. Así, debido a las grietas, casi parecían de madera.

10. Antes se veneraba a los pavos.

En Estados Unidos, el pavo siempre trae a la mente el Día de Acción de Gracias, durante el cual el ave se come con un delicioso relleno. Pero el animal no siempre fue visto como un manjar: hacia el año 300 a.C., los mayas consideraban a los pavos como mensajeros de los dioses. Los animales participaban en las ceremonias religiosas y se consideraban símbolos de poder. Esto se debe a su majestuosidad y a su hermoso y colorido plumaje. Ahora, amamos a los pavos de una manera muy diferente: ¡con tenedores y cuchillos! ¡Delicioso!

Conclusiones

¿Has visto lo divertido y emocionante que puede ser el aprendizaje? Has aprendido más sobre los animales, la naturaleza, la ciencia, nuestro cuerpo, el espacio, el deporte y la historia del mundo. ¿Cuáles son tus datos favoritos? ¿Te ha gustado descubrir nuevos inventos y el futuro de la tecnología? ¿O te apasiona más la sección de deportes? ¿Fue interesante aprender lo que nuestro cuerpo puede hacer? ¿O aprender más sobre la geografía mundial?

Cuenta a tus amigos y familiares los hechos que más te impresionaron; ¡no te guardes todos estos maravillosos conocimientos para ti! Hay mucho que aprender, así que nunca dejes de buscar.

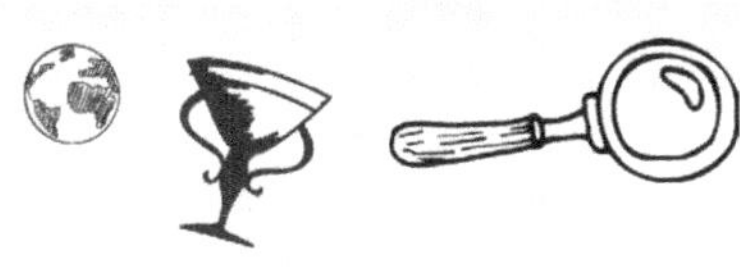

¡Es hora de poner a prueba tu conocimiento!

Es hora de comprobar cuánto has aprendido. ¿Crees que puedes recordar todo lo que has leído? Veamos. No vuelvas a buscar las respuestas, ¡intenta reflexionar y recordarlas tú mismo!

1. ¿Cuál es la sustancia más dura de la naturaleza?

    a. Acero

    b. Huesos

    c. Hierro

    d. Diamantes

2. ¿Qué vendía Nintendo antes de los videojuegos?

    a. Alimentos

    b. Figuras

    c. Muñecas

    d. Teléfonos

3. ¿Cómo se llama el arcoíris que se produce durante la noche?

    a. Arcoíris lunar

    b. Arcoíris oscuro

   c. Arcoíris nocturno

   d. Arcoíris negro

4. ¿Qué huesos se sabe que crecen más rápido en los seres humanos?

   a. Huesos humanos

   b. Huesos de tiburón

   c. Huesos de caimán

   d. Cornamenta de ciervo

5. ¿Cuál es el pariente vivo más cercano al T-Rex?

   a. Hombre

   b. Lagartija

   c. Pollo

   d. Paloma

6. ¿Qué colores pueden ver los perros?

   a. Rojo

   b. Turquesa

   c. Naranja

   d. Ninguna de las anteriores

7. ¿Cómo se llama el robot más grande del mundo?

   a. Tradinno

   b. Dragón

   c. Shrek

   d. Mary

8. ¿Por qué las nubes son blancas?

   a. Porque reflejan el sol

   b. Porque su color es blanco

   c. Porque están pintados de esa manera

   d. Ninguna de las anteriores

9. ¿Cuál de ellas es una planta carnívora?

   a. Violetas

   b. Rosas

   c. Planta Cobra

   d. Planta de la serpiente

10. ¿De qué color es el oxígeno en estado líquido o sólido?

    a. Rojo

    b. Amarillo

    c. Marrón

    d. Azul

11. ¿Cómo se llama la pizza más grande del mundo?

    a. Octavia

    b. Cleopatra

    c. Ottaviano

    d. César

12.   ¿Quién es el hombre más alto de la historia?

    a.   Robert Wadlow

    b.   Ben Affleck

    c.   Sultán Kosen

    d.   Richard Kiel

13.   ¿Cuántos olores puede detectar nuestra nariz?

    a.   Un millón

    b.   Cien

    c.   Un trillón

    d.   Mil millones

14.   ¿Qué es el cerumen?

    a.   Algo desagradable

    b.   Un tipo de sudor

    c.   Un tipo de moco

    d.   Cera

15.   ¿Cuántos huesos tienen los adultos humanos?

    a.   302

    b.   200

    c.   206

    d.   207

16. ¿Cuáles fueron las primeras criaturas enviadas al espacio?

   a. Monos

   b. Mariquitas

   c. Humanos

   d. Moscas de la fruta

17. ¿Por qué nunca desaparecerán las huellas de los neumáticos en la luna?

   a. Porque están atrapados allí

   b. Porque no hay viento ni lluvia que los haga desaparecer

   c. Porque la superficie de la luna es como el hormigón

   d. Ninguna de las anteriores

18. ¿Qué planeta gira sobre un lado?

   a. Urano

   b. Neptuno

   c. Venus

   d. Júpiter

19. ¿De qué estaban hechos los primeros uniformes de béisbol?

   a. Plástico

   b. Algodón

   c. Lana

   d. Hilo

20. ¿Qué llevaba Babe Ruth bajo su gorra?

   a. Una hoja de col

   b. Una toalla húmeda

   c. Un parche

   d. Ninguna de las anteriores

21. ¿Qué significa "Kilauea"?

   a. Nube de humo que se eleva

   b. Gran volcán

   c. Expansión

   d. Fabricante de lava

22. ¿Cómo se llama el mayor sistema de cuevas del mundo?

   a. Kentucky

   b. Cuevas del Mamut

   c. Yellowstone

   d. Ninguna de las anteriores

23. ¿Qué profundidad tiene la Fosa de las Marianas?

   a. 11.000 metros

   b. 12.000 metros

c. 15.000 metros

d. 14.400 metros

24. ¿Quién luchó en la guerra más corta del mundo?

a. La Marina Real Británica y los Estados Unidos

b. Zanzíbar y España

c. La Royal Navy británica y España

d. Zanzíbar y la Marina Real Británica

25. ¿Qué dijo realmente Paul Revere?

a. ¡Los británicos vienen!

b. ¡Los habituales están llegando!

c. ¡Corre!

d. ¡El enemigo viene!

26. ¿De qué están hechos los dientes de George Washington?

a. Marfil y colmillo

b. Marfil y madera

c. Madera y metal

d. Oro y colmillo

27. ¿Qué fue un deporte olímpico?

a. El tira y afloja

b. Los concursos de comida

c. Hula hooping

d. Cantar

28. ¿A qué distancia está Rusia de Alaska?

  a. 4 km

  b. 3 km

  c. 1 km

  d. 2 km

29. ¿Cuál es el volcán más alto conocido por el hombre?

  a. El Monte Kilauea

  b. El Monte Olimpo

  c. El supervolcán de Yellowstone

  d. El Monte Vesubio

30. ¿Qué deporte se ha practicado en la Luna?

  a. El golf

  b. Béisbol

  c. Tenis

  d. Atletismo

Glosario

A.

ADN: material presente en casi todos los seres vivos, portador de información genética

Ángulo: el espacio donde se encuentran dos líneas o superficies

B.

Burlar: engañar a alguien

C.

Cápsula del tiempo: algo que guarda objetos o recuerdos de la historia

Carnívoro: que come exclusiva o predominantemente carne

Cartílago: tejido flexible que se encuentra en el interior de nuestro cuerpo

Cavidad: parte vacía de algo, agujero

Ceremonia: una ocasión o procedimiento formal

Clase alta: alguien con muchos privilegios y riquezas

Contribuir: colaborar, hacer una aportación

Coordinación: trabajar juntos

D.

Depredador: animal que caza a otros

Descomponer: descomponerse, dividirse o pudrirse

Desenrollar: estirar lo que está enrollado

Deshidratación: falta de agua

Destino: lugar al que ir

Disolver: deshacer, desaparecer

E.

Ejecución: acto de hacer algo

Erupción: una gran explosión

Escandaloso: algo que causa molestia o indignación por ser ofensivo

Espectro: banda de colores producida por diferentes grados de componentes luminosos

Estructura: la disposición de algo

Excéntrico: original, extravagante

F.

Fenómeno: todo hecho o acontecimiento susceptible de observación directa o indirecta, provocado o espontáneo

Filamentos de proteínas: cadenas de proteínas

Flujo de aire: aire circulante

G.

Géiser: manantial caliente donde el agua burbujea y se eleva desde el suelo

Genoma: conjunto completo de genes o material genético de una célula u organismo

Glaseado: algo que recubre el exterior de un objeto

H.

Humanoide: de aspecto humano

I.

Industria: en sentido genérico, actividad humana dirigida a la producción de bienes y servicios

Inflamable: capacidad de inflamarse

Instrumento: un instrumento u objeto musical

Inusual: algo que no es usual o acostumbrado

Invención: algo que ha sido creado

J.

Joystick: dispositivo que controla el movimiento de algo en la pantalla

L.

Laparoscopia: procedimiento quirúrgico realizado con la ayuda de una cámara de vídeo

M.

Material genético: el ADN contenido en los cromosomas dentro de la célula

Memoria USB: una pequeña unidad flash que se conecta a un ordenador y proporciona información

Moléculas: grupo de dos o más átomos unidos por una fuerza conocida como enlaces químicos

Mutación: fenómeno de variación que se produce en el genotipo de un individuo

N.

Noble: hombre rico de clase alta

Nutrientes: algo que proporciona minerales y vitaminas esenciales para el crecimiento

O.

Órbita: la trayectoria de algo que gira alrededor de un objeto mayor

Ondas sonoras: el sonido que viaja por el aire

P.

Población: cantidad de personas en una zona

Presión: fuerza y peso continuos ejercidos sobre un objeto

Programa: conjunto de actividades relacionadas o software en un ordenador

Programador: alguien que crea cosas en el ordenador

R.

Ranura: pequeños surcos creados en el exterior de un objeto

Reflejar: pensar en algo o ver otra imagen reflejada de ello

Regio: magnífico, imponente, grandioso

S.

Sacrilegio: ofensivo, irreverente hacia las instituciones sagradas

Sin gluten: alimento o dieta que no contiene gluten

Souvenir: algo que se compra como recuerdo de un lugar

Subestimar: pensar que algo es más pequeño o débil de lo que realmente es

Superordenador: un ordenador muy rápido y potente

T.

Tejido conectivo: tejido dentro de nuestro cuerpo

Tereftalato de polietileno: parte común del plástico

Tono: una tonalidad o variedad de color

Tráfico de Internet: la cantidad de personas y lo que hacen en Internet

V.

Vapor de agua: agua en estado gaseoso

Vibrar: moverse rápidamente, oscilar

Vigilancia: observar, comprobar algo

Virus: enfermedad o programa informático que se propaga como una enfermedad

Visión dicromática: ceguera parcial al color del ojo

Soluciones

1. b	2. d	3. a	4. d
5. c	6. d	7. a	8. a
9. c	10. d	11. a	12. a
13. c	14. b	15. c	16. d
17. b	18. a	19. c	20. a
21. a	22. b	23. a	24. d
25. b	26. a	27. a	28. d
29. b	30. a		

Impressum

Para preguntas, comentarios y sugerencias:

support@specialartbooks.com

Brice Brant, Special Art

Copyright © 2023

www.specialartbooks.com

Imágenes por © Shutterstock

Ilustración de portada realizada por
Maria Francesca Perifano